오늘부터 나를
칭찬하기로 했다

Today's Compliment.   Date . . .

오늘부터 나를
칭찬하기로 했다

*스스로에게 가혹한
사람들을 위한 작은 습관*

김키미 지음

Name.

Prologue

스스로에게 가혹한 사람들을 위한 작은 습관

　오랫동안 일을 하지 않았습니다. 아니, 글 쓰는 일 외에는 적극적인 수익 활동을 하지 않은 지 오래되었다는 표현이 정확하겠네요. 작년 봄의 퇴직, 그에 앞서 긴 휴직으로 근로를 멈춘 것이 시작이었습니다. 직장 생활 18년 동안 한 달 이상의 휴식기를 가져본 적이 거의 없으므로, 주 40시간 이상을 아무에게도 내어주지 않고 혼자 소유한다는 감각이 생경했습니다. 업무 메신저가 울리지 않다니? 일 생각을 완전히 내려놔도 된다고? 아무런 죄책감도 불안도 느끼지 않고? 일을 걷어내면 삶이 어떻게 흘러갈지 궁금해서 결정한 휴식이니 해방감을 느낄 법도 한데, 그러지 않았어요. 오히려 초조했습니다.

처음에는 일을 멈추는 즉시 '일하지 않는 나'라는 자아가 실행되지 않는다는 사실이 당황스러웠어요. 가만 보니 영혼에 묻은 일 때를 지우려면 아주 오랜 시간이 걸리겠다는 불편한 예감이 들었습니다. 그때부터 필사적으로 일과 관련 없는 하루하루를 보냈습니다. 친구들을 만나고, 건강을 돌보고, 드라마와 영화를 실컷 봤어요. 책을 읽고 뉴스를 찾아보며 사회문제에 관심을 기울이는 시간도 늘렸고요. 계획적인 성향을 누르고 제법 여유를 부릴 줄도 알게 되었습니다. 그렇게 천천히 일로 채워졌던 시간을 달리 쓰는 법을 익혔습니다. 다행히 이제는 삶이 흘러가는 방향을 조금은 덜 불안한 마음으로 지켜보게 됐어요.

물론 우여곡절도 있었지요. 인스타그램 피드를 넘기다가 불쑥 짜증이 나곤 했어요. 과거의 제가 자초한 일이었습니다. 일과 일상의 교집합이 큰 사람들이 으레 그렇듯 업무와 직간접적인 관련으로 팔로우한 계정이 많았어요. 제 피드에는 브랜드 마케터라는 직업, "글이 작품이 되는 공간"이라는 슬로건을 내건 플랫폼 운영자의 일, 퍼스널 브랜딩 책을 낸 저자로서의 의무감이 그대로 반영돼 있었습니다.

Date...

일 관련 소식이 친구들 소식보다 피드에 많이 뜬다는 걸 그 전까지는 전혀 의식하지 못했죠.

그러면 안 하면 될 텐데, 어디 그게 쉽나요. 피드를 덜 보고 제 소식을 전하는 쪽으로 행동 양식을 바꿔봤습니다. 그러나 재밌지 않았어요. 팔로워 수가 많아질수록 게시물 업로드가 부담스러워지기도 하거니와, 자랑하고 싶은 게 별로 없었거든요. 일을 하지 않으니까 효능감이 떨어져서 그런가, 그런데 뭘 꼭 자랑해야 하나 싶다가도 무심코 다시 피드를 보면 나만 빼고 다들 즐겁게 사는 것 같아 질투가 났어요. '그래도 명색이 퍼스널 브랜딩 전문가인데 피드 관리하는 모습 좀 보여야지' 하는 의무감으로 게시물을 올렸습니다. 그러다가 한 번씩 비관적인 생각에 사로잡히곤 했습니다. 내가 너무 나태하게 살고 있나? 이러다 아무도 나를 안 찾아주면 어쩌지?

그럴 때마다 저는 칭찬일기를 썼습니다. 일을 하지 않는 게 문득 불안해질 때면 "괜찮아, 잘하고 있어. 그만큼 일했으면 더 오래 쉬어도 돼" 같은 칭찬으로 저를 안심시키고, 뭔가를 잘해놓고도 더 잘하지 못한 게 아쉬워질 때면 "지금도 이미 충분해! 이렇게 잘해낸 나를 위해 5초 동안 칭찬 함성 발사!"라고 외쳤습니다. 무엇보다 한결같은 균형감을 지속하려는 일상을 칭찬했습니다. 무리해서 얻은 효능감이나 성취를 대단한 칭찬거리로 삼는 대신에요. 성실한 태도, 다정한 표현, 회복 탄력성, 새로운 시도, 적당한 포기, 낙관하는 역량, 가치관의 확장, 소신 있는 발언 등 일상 속에 이미 많은 칭찬거리가 있었습니다.

> 최근 들어 부쩍 자기 분야에서 꾸준히 일하는 모습을 보여주는 사람들이 부러웠다. 퇴직 후에 꾸준히 하고 싶은 일을 찾지 못한 탓이었다. 그런데 얼마 전 지인의 "요즘 뭐 하고 사냐"라는 질문에 "글 쓰며 산다"라고 답하는 나를 발견하고 조금 놀랐다. 하고 싶은 일에 이미 꾸준함을 발휘하고 있었던 거다. 지금 외부에 공개하지는 못해도 나는 내 꾸준함을 안다. 그거면 충분하다는 생각이 든다. 고생 많았다. 다음 달에도 꾸준히 잘 써보자!

이렇게 칭찬일기를 쓰다보면 구겨졌던 마음이 스르르 펴지며 자신감이 차올랐습니다. 몇 번이고 고꾸라지는 자신감을 칭찬으로 일으켜 세우며, 지금껏 해온 수많은 셀프

Date...

칭찬에 기대 이 책을 썼습니다.

    셀프 칭찬을 훈련한 지 어느덧 5년 차가 되었습니다. 그동안 비교 대상을 두고 자신을 평가대 위에 올리는 사람이 아주 많다는 걸 알게 됐어요. 저도 평생을 그렇게 살았고요. 외부에 기준을 두고 스스로에게 엄격한 잣대를 들이대는 걸 멈추지 못했습니다. 타인의 시선을 의식하고 자신을 무던히 증명하며 '갓생살이'를 과시했습니다. 그러다 어느 순간 '현타'를 느끼기도 했지요. 내가 뭘 하고 있는 거지? 어디를 향해 달리는 거지? 칭찬일기는 그런 질문에 대한 긴 답장이었습니다. 타인의 평가에 의존할 때는 높은 기준을 세워 두고 그에 미치지 못하는 제 자신을 몰아붙였지만, 스스로를 평가할 때는 엄격한 자아를 내려놓을 수 있었어요. 셀프 칭찬은 평가자도 나, 평가 대상도 나, 비교 대상도 나인 셀프 평가거든요. 밖으로 향하던 기준을 안으로 옮기면 '어제보다 나은 나', '내일 더 나아질 나'를 칭찬할 수 있었습니다.

    이 책은 셀프 칭찬을 훈련하며 비교 경쟁의 늪에서 빠져나오게 된 과정을 담은 생존 회고록입니다. 그 과정에서 무엇보다 큰 도움이 되었던 칭찬일기 작성법을 나누기 위해서 쓴 칭찬 안내서입니다. 칭찬을 통해 자신의 구석구석을 사랑하게 도와주는 자기 인정 도움말입니다. 그리고 스스로에게 가혹한 분들에게 유익한 습관을 제안하고자 현실에서 마주치는 상황을 가능한 한 구체적으로 그려낸 각색 일기장입니다.

책은 총 네 챕터로 구성돼 있습니다. 첫째와 둘째 챕터에서는 나를 칭찬하는 법을 안내합니다. 칭찬일기 작성법을 비롯한 셀프 칭찬 노하우를 일상과 일터 전반에 걸쳐 나눕니다. 스스로에게 얄짤없는 워커홀릭과 완벽주의자, 갓생 강박에 치이는 자기계발러, 새로운 역할을 맡거나 새로운 환경에 적응하느라 자신감 낮아진 직장인에게 특히 필요한 도움말을 담았습니다. 셋째 챕터에서는 관계 속에서 칭찬 다루는 법을 안내합니다. 칭찬받는 데 익숙하지 않아서 나오는 자동 손사래와 과한 겸손 극복 방법, 칭찬받아본 적 없어서 칭찬할 줄 모르는 사람을 위한 유형별 칭찬법, 상호 칭찬하는 문화 조성법 등 다양한 칭찬의 기술을 익힐 수 있습니다. 넷째 챕터에서는 칭찬을 대하는 태도와 인간됨에

Date...

대해서 이야기합니다. 칭찬의 역효과를 짚고, 칭찬 반대편의 취약성과 쓴소리를 들여다봅니다. 칭찬의 쓰임을 재고하며 자신과 주변을 넘어 칭찬일기 밖의 세상으로 시야를 확장하길 바라는 마음을 담았습니다.

책을 쓰면서 셀 수 없이 많은 분으로부터 받은 영향을 떠올렸습니다. 칭찬하고 칭찬받았던 일상의 여러 일화를 재료로 글을 지었습니다. 사려 깊은 조언을 받으며 글을 고쳤습니다. "저한테 필요한 책이에요", "칭찬하는 법 배우고 싶어요", "책 기다리고 있어요" 말해준 분들의 응원 덕분에 지치지 않을 수 있었습니다. 또한 칭찬을 비판적으로 바라보는 분들의 관점을 빌릴 수 있었기에 편협을 경계하며 칭찬에 대해 더 깊이 고찰할 수 있었습니다.

지금까지 제가 받은 무수한 다정함과 닮은 마음을 이제는 저도 이 책으로 나누어보려고 합니다. 그 마음의 이름은 '칭찬'입니다. 칭찬받아 마땅한 상황에서도 스스로에게 가혹한 분들에게 특별히 다정한 책이 되기를 바라며, 첫 번째 칭찬을 건넵니다.

칭찬을 시작해보려는 마음을 칭찬합니다!

<mark>무엇이든 시작하기 좋은 봄날에,</mark>

김키미

Prologue	**스스로에게 가혹한 사람들을 위한 작은 습관**	004

Chapter 01. 일상에서 나를 칭찬하는 법

01	**완벽주의자의 첫 셀프 칭찬**	016
	셀프 칭찬을 훈련하게 된 이유	
02	**칭찬일기를 소개합니다**	027
	칭찬이라는 콘셉트의 일간 회고	
03	**님아, 밥 잘 먹은 것도 칭찬해주오**	037
	아주 사소한 것부터 칭찬하기	
04	**정신 승리 아닌 칭찬 정신**	047
	자기합리화에 발목 잡히지 않는 칭찬법	
05	**도저히 칭찬하기 어려운 날에는**	056
	힘든 날의 감정 관리법	
06	**칭찬으로 티끌 모아 태산**	067
	칭찬 시야를 넓히는 회고 노하우	

Chapter 02. 일터에서 나를 칭찬하는 법

01	**성취 지향 넘어 삶의 지향 찾기**	080
	칭찬일기의 시기별 변화 미리보기	
02	**경고! 번아웃 이상 신호**	093
	칭찬일기를 알아차림 도구로 쓰기	
03	**일로 만난 사이에도 칭찬이 필요해**	105
	일터에서 칭찬 주고받는 법	
04	**일과 나 사이에 거리 두기**	116
	자기주도적으로 커리어 회고하는 법	

Chapter 03.	**타인과 칭찬 주고받는 법**	
01	**받을 줄 알아야 나눌 수 있는 칭찬**	130
	나눌 줄 알아야 받을 수 있는 칭찬	
02	**칭찬에도 유형이 있다고요?**	140
	성향에 맞춰 칭찬하는 법	
03	**칭찬일기를 함께하면 생기는 일**	153
	열자마자 모집 마감되는 모임, 왜?	
04	**전국 자기 자랑 대회**	164
	공식적인 셀프 자랑 타임의 필요성	

Chapter 04.	**칭찬으로 더 나은 내가 되는 법**	
01	**칭찬에 대한 믿음과 의심**	178
	칭찬은 무조건 좋은 걸까?	
02	**지금은 칭찬할 수 없는 것들**	189
	모두 혼자 힘으로 이루었다는 착각	
03	**취약성 공유 캠페인**	199
	자기 인정의 완성으로 가는 길	
04	**칭찬일기 바깥으로 나아가기**	211
	실례, 오지랖, 쓴소리와 함께	

Epilogue	**오늘부터 칭찬일기 1일**	222

Date...   Chapter... 01

일상에서 나를 칭찬하는 법

01 | 완벽주의자의 첫 셀프 칭찬

셀프 칭찬을 훈련하게 된 이유

"직장 다니면서 어떻게 책을 썼어요?"

첫 책을 출간한 뒤 이런 질문을 많이 받았다. 어떻게 썼냐 하면, 일하는 시간과 잠자는 시간 빼고 나머지 시간 모두를 집필에 썼다. 정말로 나는 닥치는 대로 썼다. 주말은 물론 평일에도 이른 아침부터 출근 전까지, 퇴근 후부터 취침 전까지, 그리고 점심시간에도 글을 썼다. 다행인지 불행인지 온 국민이 칩거하던 팬데믹 시절이라 재택근무를 했고, 그 덕분에 출퇴근에 들이는 시간과 에너지까지 아껴 글에 집중할 수 있었다.

누군가는 '그렇게까지 해야 하나' 생각할지도 모르겠다.

하지만 한 글자 한 글자 더듬더듬 쓰는 초보 작가였던 나로서는 어쩔 수가 없었다. 그저 쓰기만 한 건 아니었다. 어떤 글을 쓸지 구상하는 시간, 글에 필요한 자료를 탐색하는 시간, 이미 쓴 글을 어떻게 수정할지 궁리하는 시간도 집필의 많은 부분을 차지했다. 경험이 없었던 나는 요령을 부릴 줄 몰랐다. 딴짓을 할 때도 마음 한편에서는 '빨리 글 써야 하는데……' 하는 생각이 지워지지 않았다. 쓰면 쓰는 대로 안 쓰면 안 쓰는 대로 스트레스였다. 쓰지 않는 날이라고 해서 편히 놀거나 쉴 수 없어 숱한 날 나를 집 안에 가뒀다.

고맙게도 이웃 친구가 가끔 들여다보며 생사를 확인해주었다. 하루는 '이러다 죽겠다' 싶었는지 친구가 집 밖으로 나를 이끌었다. 오랜만에 콧바람을 쐬며 산책로를 걷다가 친구에게 "책 두 번 썼다가는 친구 다 잃겠다"라는 말을 들었다. 자기 외에는 누구와도 만나거나 연락하고 지내기 어려운 형편인 걸 알고 걱정해서 하는 말이었다. 나는 그 말에 동의할 수 없었다.

아니, 친구를 잃기 전에 나부터 잃어버릴 것 같아. 두 번이 아니라 한 번 만에 그렇게 될 것 같아, 친구야.

Date...

　내가 닳고 닳아 없어질 지경에 다다를 즈음 책이 나왔다. '오늘부터 나는 브랜드가 되기로 했다'라는 조금 쑥스럽지만 근사한 제목을 단 책은 온라인과 전국 서점에 퍼졌다. 기뻤다. 열심을 다해 썼으니 가능한 한 많은 사람이 읽어주길 바랐다. 그러려면 책을 알려야 했다. 인터뷰든 강연이든 뭐든 들어오는 대로 가리지 않고 나가서 또 열심의 열심을 다했다. 고생스럽다는 생각은 하지 않았다. 책을 알릴 기회가 주어지는 것에 감사할 따름이었다.

　풀타임 직장인으로서 한정된 시간 자원을 늘리는 데 한계가 있다는 걸 알면서도, 무엇 하나 허투루 하지 못하는 성격은 거대한 책임감이 되어 나를 짓눌렀다. 직장인이라서 책 홍보에 신경 덜 쓰는 작가라는 인상을 주고 싶지 않았고, 책 냈다고 회사 일에 소홀해졌다는 말도 듣고 싶지 않았다. 바쁘다는 핑계로 더는 친구들과 멀어지는 것도 원치 않았다.

　하는 수 없이 나는 시간 관리에 철저해졌다. 인터뷰를 해야 하면 점심시간을 활용해 집 또는 집 근처 카페에서 약속을 잡았다. 집에서 멀지 않은 곳에서 저녁 8시 강연이 있으면 택시를 예약해두고 7시 15분까지 일을 했다. 친구들과의 만남은 가급적이면 2시간을 넘기지 않았다. 뜨는 시간이 생기지 않도록 30분 단위로 할 일을 계획했다. 이동 중에는 업무상 의사소통을 하거나 SNS에 홍보용 게시물을 올렸다. "이렇게 살면 한 달에 수천만 원은 벌어야 하지 않냐?"라고 자조하면서도 '바쁜 나', '시간 관리까지 잘하는 나'의 모습이 마음에 들었다. 모든 일을 손에 쥐고 저글링하듯 살면서 공을 떨어뜨리지 않으려면 늘 긴장 상태를 유지해야 했는데, 그 기분이 싫지 않았다. '이게 되네?' 하는 경험이 거듭되자 그 아슬아슬함이 오히려 재밌게 느껴졌다. 대부분의 일이 내 계획대로 흘러갔기 때문이다. 단 한 가지, 불면증만 빼고.

잠자는 일만큼은 절대로 내 맘대로 되지 않았다. 부서질 듯 피곤한 몸 상태로 침대에 누워도 잠이 오지 않았다. 겨우 잠들더라도 분주한 꿈에 시달리느라 피로가 풀리지 않았다. 커피를 끊고 수면 보조제를 먹고 침구를 바꿔도 소용이 없었다. 쉼 없이 일을 해서 정신이 각성돼 있는 탓이었다. 잠을 자려면 정신의 전원부터 꺼야 했다.

강박적으로 시간 관리를 하던 나는 휴식 시간도 관리

Date...

대상에 넣어 계획했다. 캘린더에 '휴식' 카테고리를 만들고 의무적으로 쉬는 시간을 등록했다. '퇴근 후에 아무 일 안 하고 쉬는 시간 30분 이상 가질 것', '주말 중 반나절 이상 약속 없이 쉴 것'을 다짐했다. 하지만 다짐은 금세 해이해 졌다. 나와의 약속이라는 건 나와 타협하기 쉬운 약속이라 예상보다 일이 많거나 누군가 만나자고 하면 나와의 약속 부터 파기하기 일쑤였다. 결국 소원하던 휴식 시간을 누리게 된 건, 누구도 나를 찾지 않아 우연히 보존된 나와의 약속일이었다.

고대하던 휴식을 하는 주말, 나는 최선을 다해 방만한 하루를 보냈다. 계획한 대로 아무것도 하지 않고 아무 생각도 하지 않았다. 침대에 딱 붙어서 넷플릭스를 보다가 기름진 음식을 배달시켜 먹고, 두둑해진 배를 두들기며 다시 침대에 딱 붙어 텅 빈 눈으로 또 넷플릭스를 봤다. 놀고먹을 때는 신기하게 시간이 잘 간다고 생각할 즈음, 어느새 자정이 가까워졌다. 이상하게 뭔가 찜찜했다.

하루 종일 잘 쉬었는데 왜 기분이 가라앉지? 잘 쉰 게 맞나? 께름칙한 기분을 모른 척하고 평소처럼 오늘 한 일을 기록하려고 일기장 앱을 열었다. 쓸 말이 없었다. 그러자 아까 느낀 찜찜함이 정체를 드러냈다. '이렇게 하루가 끝나다니. 이럴 거면 쉬는 중간에 뭐라도 하나 할걸. 오늘처럼 시간이 남아도는 날은 흔치 않은데…….' 불쑥 떠오른 생각 끝에 "하" 하고 짧은 한숨이 새어 나왔다. 그 순간 나는 내가 싫었다. 어렵게 얻은 휴식 시간에도 마음 편히 쉴 수 없도록 몰아세우는 관성이 무서웠다. 하지만 지고 싶지 않았다. 오기가 뻗쳤다. '이건 나와의 싸움이다. 오늘 나를 꺾어야 앞으로가 편해진다.' 그런 생각을 했던 것 같다. 그러고는 나도 모르게 소리 내 말했다.

"아무것도 안 하고 쉰 나, 칭찬해!"

화자도 나, 청자도 나였다. 아무것도 하지 않기로 다짐해놓고 정말로 아무것도 하지 않자 후회로 하루를 망치려 드는 나에게 하는 말이었다. 후회하지 말라는 말 대신, 잘했다는 격려를 건네는 말이었다. 그 말을 듣고 바로 기분이 풀렸다. 눈치 없게 튀어나왔던 자기혐오도 쏙 들어갔다. 놀라운 경험이었다. 내친김에 기세를 몰아 좀 더 큰 소리로 외쳤다.

Date...

"오늘 꿀잠 잔다!"

베개를 팡팡 두드리고 곧바로 불을 끄고 누웠다. 딴생각이 치고 들어올 틈이 없도록 재빨리 잠을 청했다. 그 뒤는 기억나지 않는다. 오랜만에 긴 숙면을 취했기 때문이다. 꿀처럼 다디단 잠이었다.

나는 쉬는 것도 잘하고 싶었다. 하지만 잘 쉬는 법을 몰랐다. 일하는 법은 많이 배웠지만 쉬는 법은 배운 적이 없으니까. 몸이 피곤하면 자고, 뇌가 피곤하면 넷플릭스를 보거나 산책을 하는 게 내가 아는 휴식의 전부였다. 휴식 말고도 잘해내야 할 게 많아 더 나은 휴식법을 탐구할 여력이 없었다. 그럼에도 뭐든 완벽하게 잘하는 사람이 되고 싶은 욕심에 쉴 때조차 나는 나에게 엄격했다.

언제나 그놈의 '잘'이 문제였다. 적당한 완벽주의는 자존감을 높여주고 상황에 따라 유연성을 발휘해 여러 긍정적인 효과를 낸다지만, 뭐든 지나치면 문제가 된다. 스스로에게 높은 기준을 부여하고 반드시 성공해야 한다는 압박감을 주는 것, 작은 실수도 크게 받아들이고 책망하는 것, 일이 계획대로 되지 않거나 느리게 진행되면 감정을 다스리기 어려워지는 것, 완벽하게 해낼 수 없을 일은 애초에 시작하지 않는 것, 완벽한 선택을 하기 위해 의사 결정을 지연하는 것, 쉬는 날에도 특별한 하루를 보내야 한다고 생각하는 것, 타인의 평가를 지나치게 의식하고 기대에 부응하기 위해 무리하는 것, 자신뿐 아니라 타인에게조차 높은 수준의 기준을 적용해 엄격하게 평가하는 것. 나는 이 모든 완벽주의의 역기능으로부터 자유롭지 못했다. 그래서 매일 밤 잠자리에 들 때마다 '더 잘하지 못한' 하루를 후회했다.

사람은 자신이 겪은 일을 평가할 때 가장 절정의 순간(최고점)과 마지막 순간(최근점)의 기억으로 경험 전체를 판단한다는 심리학 이론이 있다. '피크엔드 법칙Peak-End Rule'이라고 하는 그 이론에 따르면 나는 '후회'라는 감정으로 하루를 판단하는 사람이었다. 아무것도 안 하는 나를 견디지 못해 매일 숨 가쁘게 움직이면서도 더 많은 걸 하지 못했다며 후회하고, 잘한 일이 있어도 더 잘하지 못한 부분을 아쉬워하며 자책했다.

언제까지나 그렇게 살 수는 없는 노릇이었다. 앞으로의 하루하루를 어떻게 기억할지 나 스스로 결정할 수 있다면, 나는 매일을 소중히 여기며 즐겁게 사는 사람이고 싶었다. 그러려면 하루의 마지막 순간에 긍정적인 감정을 불러와야 했다. "아무것도 안 하고 쉰 나, 칭찬해!"라고 외쳤던 그날처럼 말이다.

뭐라도 해보자는 심정으로 일기장 앱에 '셀프 칭찬일기'라는 코너를 만들었다. 그리고 간단한 규칙을 세웠다. 매일 밤 하루를 복기하며 칭찬거리 찾기. 아주 사소한 것이라도 좋으니 하루 한 가지 이상 나에게 칭찬의 말 건네기. 하루 종일 완벽하려고 애쓰며 살았더라도 잠자리에 들기 전만큼은 나에게 관대해지자는 절박한 다짐이었다.

진짜 많은 일을 해치웠다. 아쉬운 부분도 있지만 뭐 어때. 오늘도 뜨겁게 사느라 고생 많았어!

더 일할까 말까 고민하다가 스톱한 거 칭찬해! 쉬엄쉬엄해도 괜찮아.

오늘은 전력으로 일하지 않았다. 하루쯤 슬렁슬렁 일해도 아무 일도 일어나지 않아. 잘했어!

휴식을 당연하게 여겨야 하는데 쉽지 않다. 그래도 알람 안 맞추고 푹 자려는 시도는 좋았다!

일하느라 일상 루틴이 다 깨진 날이지만…… 속상해하지 말자. 오늘은 일 빵꾸 내지 않은 것만으로도 칭찬해!

불안해하지 말자. 내 페이스에 집중하자. 뭘 더 하지 않아도 된다. 이미 차고 넘치게 했잖아?

2021년 겨울, 내 일기장에는 이런 문장들이 적혀 있다. 일을 좀 덜 해도 괜찮다고, 쉴 때는 온전히 나만 생각하자고, 오늘도 충분히 멋진 하루였다고, 오늘 못 했으면 내일 하면 된다고 매일 밤 나를 다독였다. 그러는 사이 불면증은 스르르 사라졌다. 절대 바뀌지 않을 것 같던 완벽주의 성향도 조금씩 느슨해져갔다.

어색하게 나를 칭찬하기 시작한 때로부터 몇 번의 해가 바뀌었다. 언젠가부터 나는 칭찬일기를 쓰지 않게 되었다. 자연스러운 변화였다. 일부러 칭찬거리를 찾지 않아도 될 정도로 나에게 관대한 사람이 되었기 때문이다.

여전히 나는 한 글자 한 글자 더듬거리며 쓰는 작가이지만, 글을 쓰느라 나를 소모하며 괴로워할 필요는 없다는 걸 안다. 책상에 앉았을 때는 더 잘 쓰고 싶어 머리를 싸매지만 놀아야 할 때는 놀고 쉬어야 할 때는 쉴 줄도 안다. 쉬다가 한 번씩 글 상이 떠오를 때는 메모를 해두고 휴식을 이어갈 줄도 안다. 그러다 또 한 번씩 높은 기준만큼 실력이 따라주지 않아 슬픈 날에는 느리더라도 포기하지 않고 나아가는 나를 칭찬한다.

그렇게 지금 두 번째 책을 쓰고 있다. 이번에는 친구도 나도 잃어버리지 않을 자신이 있다.

지금 할 수 있는 일,
셀프 칭찬을 해보세요.

- 오늘 하루를 복기하며 칭찬거리를 찾아보세요.
- 나에게 하는 칭찬을 소리 내 말해보세요.

02 | 칭찬일기를 소개합니다

칭찬이라는 콘셉트의 일간 회고

　우리 집에는 십수 권의 일기장이 있다. 날짜 옆에 날씨를 꼭 표시해야 했던 귀여운 그림 일기장부터 열쇠가 있어야 열 수 있는(하지만 조금만 힘주면 딸깍 열리는) 비밀 일기장, 단짝 친구와 번갈아 쓰던 교환 일기장, 화려한 속지에 일정도 기록하고 일기도 쓰고 스티커도 모으고 '다이어리'라고 부르며 애지중지하던 일기장, 그리고 몰스킨 하드커버 클래식 노트에 쓰던 '진짜 비밀' 일기장까지. 유년기부터 청소년기를 지나 성인기까지 일기장은 나의 역사를 담으며 이어졌다.

　어릴 적부터 꾸준히 일기 쓰는 습관을 가진 데 나는 꽤 자부심을 느꼈다. 하지만 디지털 세상을 맞이하며 일기는

Date...

위기를 맞다. 싸이월드가 생긴 뒤로 나를 위한 일기가 아니라 '일촌'들에게 보여주기 위한 일기를 썼다. 내 소유의 카메라가 생긴 뒤로는 책상에 앉아 쓰는 시간보다 밖으로 나가 찍는 시간이 많아졌고, 사진을 블로그에 올릴 때면 검색 유입을 신경 썼다. 스마트폰이 생긴 뒤로는 더더욱 남의 시선을 의식했다. 사진 중에서도 그럴듯한 사진, 일상 중에서도 근사한 일상만 골라서 SNS에 전시했다. 오랜만에 나를 위한 일기를 써보려고 해도 손글씨가 생각의 속도를 못 따라가는 게 답답해서 번번이 실패했다. 급기야 손에 펜을 쥐는 감각마저 낯설어지고 말았다.

타협점을 찾은 건 2014년, 일기장 앱을 설치하면서부터였다. 처음에는 간단하게 그날 겪은 일을 기록했다. 자기 전에 '오늘 뭐 했더라' 돌아보며 짧게는 두세 줄, 길어야 열 줄 정도의 단문을 적고 그날 찍은 사진 한 장을 골라서 저장했다. 일기 내용은 매일 비슷했다. 초과근무가 일상인 회사에 다닐 때라 출퇴근 시간, 업무 기록, 일터에서 있었던 일이 대부분이었다. 2014년 4월 16일에는 "세월호 침몰 사고 뉴스를 보느라 다른 일을 못 했다", 5월 1일에는 "노동절에도 출근하는 나를 위해 주황색 카네이션을 선물했다"라는 문장을 추가했을 뿐이다.

일기는 "날마다 그날그날 겪은 일이나 생각, 느낌 따위를 적는 개인의 기록"이다. 하지만 나는 '날마다 그날그날 겪은 일'만 열거했다. 일기라기보다 일정표 같았다. 그래도 매일 빠짐없이 쓰다보니 일주일에 하루 정도는 '생각, 느낌 따위'를 적게 되었다. 그래도 일기 내용은 거의 비슷했다. 일터에서 겪은 부정적인 감정을 일기에 쏟아내는 것이었다. 어떤 사람에게 화가 나거나 서운할 때, 도무지 이해할 수 없는 사건을 맞닥뜨렸을 때, 힘듦이 누적돼서 어찌할 바를 모르겠을 때, 내가 한 말과 행동이 후회될 때 나는 길고 긴 일기를 썼다. 일터의 상황이 나빠질수록 일기는 점점 더 감정 쓰레기통이 됐다. 그러던 어느 날, 평소와 좀 다른 내용의 일기를 쓰게 됐다.

번아웃 증후군을 이겨내는 방법에 대한 글을 읽었다. 업무로 인한 번아웃 증후군을 겪는 사람들의 대부분이 완벽주의와 '난 할 수 있다'는 긍정적인 마인드로 스스로를 옭아맨다고 한다. 그러니 매일의 성공과 실패를 적어보라는 제언이 있었다. 사소한 실패를 인정하기 시작하면서 스스로에게 자유를 주는 습관을 들이라는 것이

Date...

다. 그래서 오늘부터는 단순히 매일 한 일을 메모하는 데 그치지 않고 이야기를 좀 적어볼까 한다.

번아웃을 개인의 문제로 돌리는 걸 경계하는 지금의 나로서는 공감하기 어려운 글이지만, 그 시절 번아웃 돌파가 시급했던 나는 성실히 제언을 이행했다. 그날 일터에서 겪은 실패와 성공을 적어봤다. 성공 경험은 칭찬거리와 같았다. 그날의 칭찬은 리더에게 용기 내 요구 사항을 말한 것이었다. 처음 해본 셀프 칭찬 경험이 만족스러워 일기 끝에 "매일 이런 일기를 쓸 수 있을까? 가끔이라도 쓰기로 다짐하며, 자자"라고 썼다. 잠 속으로 다짐이 빨려 들어갔는지, 그런 다짐을 했다는 사실조차 하얗게 잊어버리고 다시 예전 같은 일기 쓰기를 반복했지만 말이다.

●

일기는 굉장히 비밀스러운 글이다. 누구나 써봤고, 그래서 잘 안다고 생각하지만 대다수의 사람들은 자신이 쓴 일기만을 알고 있다. 그래서 저마다 쓰는 형식이 달라도 그

다름을 확인하기 어렵다. 사실 확인할 필요도 없다. 그 모든 다름이 일기를 이루는 속성이기 때문이다. 그래서인지 내가 쓰는 칭찬일기를 소개하려면 평생 써온 일기의 역사를 불러와도 설명되지 않는 부분이 있다.

칭찬일기도 쓰는 이에 따라 제각기 다른 형식이 나올 것이다. 다른 사람의 일기를 참고해 내 것을 만들면 편하련만 내 주변에는 칭찬일기를 쓰는 사람이 없었으므로 나는 나에게 알맞은 칭찬일기의 형식을 혼자 찾아야 했다. 잘 안다고 생각하던 기존의 일기 형식은 그다지 참고가 되지 않았다. 내가 유의미하게 참고한 것은 일터에서 경험한 '회고'였다.

회고 문화는 애자일Agile 방법론을 도입해 일하는 IT 기업을 중심으로 퍼졌다. 애자일이란 방향을 미리 정해두고 일하는 게 아닌, 프로토타입을 끊임없이 수정하고 발전시키면서 빠르게 방향을 찾아가는 업무 방식이다. 방향 찾기를 위해 주기적인 회고는 필수다. 애자일 조직에서는 주 단위, 분기 단위, 프로젝트 단위 등으로 업무 상황을 수시로 점검하며 다음을 계획한다.

Date...

회고 기법은 다양하다. 대표적으로 사용되는 기법 중에는 KPT 회고가 있다. 앞으로도 유지하고 싶은 긍정적인 부분(Keep), 개선하고 싶은 문제점(Problem), 다음 프로젝트에서 하고 싶은 시도(Try)를 팀원들과 이야기하는 방식이다. 네 단계로 진행하는 4L 회고도 있다. 이번 프로젝트에서 좋았던 점(Liked), 배운 점(Learned), 부족했던 점(Lacked), 앞으로 바라는 점(Longed for)에 대해 이야기하는 회고다. 5F 회고는 한 단계 더 나간다. 이번 프로젝트에서 일어난 객관적 사실(Facts)과 프로젝트 진행 중에 느낀 감정(Feelings)을 나열하고, 경험을 통해 발견한 배움(Findings)을 공유하며, 향후 행동(Future action)을 계획한다. 그리고 팀원들의 피드백(Feedback)을 받아 계획을 발전시키는 것이 5F 회고의 완성이다.

이 밖에도 더 많은 회고 기법이 있는데, 흐름은 대개 비슷하다. 어떤 일을 했는지 '사실'을 나열하고, 그 일을 하는 과정과 결과에서 '잘한 점'과 '아쉬운 점'을 찾은 뒤, 그것을 바탕으로 앞으로의 '계획'을 세우는 식이다.

업무가 아닌 일상에 회고를 대입할 때도 이러한 방법론을 적용할 수 있다. 그런데 일터에서 회고를 배운 사람 중에는 일상 회고를 시도하는 걸 어려워하는 사람이 많다. 회고하는 목적을 몰라서다. 일터에서는 성과라는 명확한 목표가 있고 이를 위한 방법론으로 회고를 활용하지만, 일상에서는 그래야 할 이유가 없다. 일상은 일터에서처럼 성과 중심적이지 않고, 매출 압박도 없으며, 성장 수준을 측정하지도 않는다. 그러니까 업무 회고를 꾸준히, 주기적으로, 다양한 방식으로 시도하는 사람도 일상 회고는 해본 적이 없거나 있더라도 간헐적이다. 굳이 없는 시간을 쪼개 일상까지 회고해야 할 이유를 찾지 못하는 것이다.

한편 일상 회고와 일기의 차이점을 몰라 어려워하는 사람들도 있다. '일상 회고? 일기는 알겠는데 회고는 뭐지?' 하면서 어려워하기도 하고, '일상을 회고한다고? 그건 일기 아닌가?' 하면서 회사에서 배운 회고와 학교에서 배운 일기, 그 사이 어딘가에서 헤매며 개념 잡기를 어려워한다.

그럴 땐 '회고'가 무엇인지부터 이해할 필요가 있다. 회고라는 단어는 '돌아오다, 돌다, 돌이키다'라는 뜻의 '회(回)'와 '돌아보다, 지난날을 생각하다, 돌보다'라는 뜻의 '고(顧)'라는 글자의 조합이다. 그래서 흔히들 회고라고 하면 '돌아보다'라는 뜻을 연상한다. 그러나 나는 '돌보다'라는 뜻에

Date...

큰 의미를 둔다. 일상에서의 회고는 '지난날을 돌아보며 자신을 돌보는 행위'일 때 가장 이상적인 효과를 발휘한다는 걸 경험으로 배웠기 때문이다. 회고는 내가 바라는 삶의 방향대로 일상이 잘 흘러가고 있는지 점검하기 좋은 도구다. 회고를 통해 삶의 방향을 꾸준히 점검함으로써 적극적으로 나를 돌보는 행위를 하는 것이다.

나의 칭찬일기는 자기 돌봄을 목적으로 하는 일간 회고의 성격을 띤다. '사실', '잘한 점과 아쉬운 점', '계획', 이렇게 크게 세 단계로 이루어지는 업무 회고를 참고하되 '잘한 점'을 크게 칭찬하며 나를 돌본다. 방법은 아주 쉽다. 하루를 돌아보며 칭찬거리를 찾아내고, 칭찬의 말을 담은 문장을 쓴다. 이렇게 말이다.

> 셀프 칭찬일기를 쓰기 시작했다. 매일 밤 나를 위해 한 가지 이상 칭찬의 말을 해주니 기분이 좋고 잠도 잘 온다. 이런 방법을 고안하고 실천한 내가 참 멋지다.

자기 돌봄 차원에서 칭찬일기는 기본적으로 세 문장 구조를 가진다. 먼저 오늘 겪은 일 중에서 인상적인 경험이나 사실을 적는다. 그리고 그로 인해 느낀 감정이나 발견한 것 등 경험 속에서 의미를 가려내 적는다. 그리고 그 경험과 의미에서 스스로 칭찬할 만한 점을 찾아내어 칭찬의 말을 적는다.

한 가지 더. 세 문장에서 끝내지 않고 앞으로의 다짐까지 적으면 짧은 칭찬일기에 삶의 방향이 담긴다. 이렇게 말이다.

셀프 칭찬일기를 쓰기 시작했다. 매일 밤 나를 위해 한 가지 이상 칭찬의 말을 해주니 기분이 좋고 잠도 잘 온다. 이런 방법을 고안하고 실천한 내가 참 멋지다. 꾸준히 써서 칭찬 마스터가 되면 다른 사람들에게도 칭찬일기 쓰는 법을 알려주고 싶다.

좋은 회고는 과거를 통해 미래를 내다보게 한다. 이 말은 과거를 어떻게 바라보고 해석하느냐에 따라 미래의 방향이 달라진다는 뜻이다. 그래서 나는 칭찬이라는 콘셉트의 일간 회고를 한다. '과거에 대한 셀프 칭찬과 미래에 대한 다짐을 쓴다'라는 간단한 형식에 일터에서 배운 회고법을 적용한다. 나를 칭찬하면서 앞으로도 유지하고 싶은 긍정적인 부분, 좋았던 점, 경험을 통해 발견한 배움을 조명하고, 미래

Date...

___

를 다짐할 때는 칭찬한 내용을 바탕으로 앞으로 하고 싶은 시도, 바라는 점, 향후 행동 계획을 그려보는 것이다.

　칭찬일기는 나를 돌보는 칭찬의 말로 오늘의 나를 돌아보고 내일의 나를 기대하면서 꾸준히 다음을 점검하는 행위다. 매일 다른 다음을 설계하며 방향을 찾다가 가끔 한 번씩 지나온 날을 회고하면, 거기에서 여러 다음이 모여 만들어진 삶의 궤적을 발견할 수 있다. 그 모든 흔적에 만족하며 나는 꾸준히 나아간다.

지금 할 수 있는 일,

칭찬일기를 써보세요.

___

- 오늘 하루를 복기하며 세 문장으로 칭찬일기를 써보세요.
- 미래의 다짐을 더해 마지막 한 문장을 추가해보세요.

03 | 님아, 밥 잘 먹은 것도 칭찬해주오

아주 사소한 것부터 칭찬하기

드라마 〈정신병동에도 아침이 와요〉를 재밌게 봤다. 정신건강의학과에서 처음 근무하게 된 간호사와 정신병동에 입원한 환자들의 이야기를 그린 넷플릭스 시리즈다. 흥미롭게도 드라마에는 칭찬일기가 환자를 위한 치료 도구로 등장한다. 자신을 희생하면서까지 타인을 보살피려는 책임감이 큰 나머지, 특정 사건을 계기로 심한 우울증에 빠진 환자에게 의사가 "칭찬일기를 한번 써볼까요?"라고 권유하는 장면이 나온다. "자기 자신을 칭찬해주는 거예요. 아주 사소한 거라도 좋아요. 생각나는 대로 마음껏 적어보세요"라는 의사의 말을 듣고 환자는 성실하게 일기를 쓴다. 남에게 내 생각을 말한 것, 실내화를 가지런히 놓은 것, 식사 시간에

Date...

환자복에 음식을 묻히지 않은 것을 칭찬한다. 그리고 환자의 내레이션이 흐른다.

> 그런 칭찬을 하는 나 자신을 또 칭찬했다. 남에게 받는 칭찬보다 스스로 칭찬할 때 더 뿌듯해진다는 걸 알았다. 아침이 오는 게 점점 즐거워지기 시작했다.

나는 이 대목이 좋아서 몇 번을 돌려봤다. "아침이 오는 게 점점 즐거워지기 시작했다"라는 말에서는 매번 뭉클해져 눈물이 고였다. 자해·자살 방지를 위해 커튼을 없앤 정신병동에는 아침이 빨리 온다고 한다. 그래서 드라마는 유난히 밝고 맑은 영상미를 보여주며 그와 대비되는 인간의 심연을 표현하는데, 비로소 아침이 오는 방향으로 마음이 밝아졌다는 게 매우 감동적이었다.

'어른을 위한 칭찬책'이라는 부제의 책 《살아있으니까 귀여워》를 쓴 조제 작가도 칭찬일기를 쓰면서 우울증을 극복했다고 한다. 그의 계기는 '세수'였다. 무기력하게 침대에 누워 아무것도 하지 못하다가 간신히 몸을 일으켜 세수를 한 날, 그것이 칭찬받아 마땅한 일이라는 생각이 든 것이다. 세수 칭찬을 계기로 그는 작은 일 하나를 할 때마다 자신을 칭찬해주기로 다짐했다. 그러고는 일어나서 샤워를 한 것, 밥을 두 끼나 먹은 것, 회사에 출근한 것, 오랜만에 친구를 만난 것, 밀린 설거지를 한 것, 밖으로 나가 산책한 것 등을 칭찬했다. 평소에는 당연히 해야 하는 것이라 여겨서 하지 못했을 때 스스로를 구박하던 일들이었다.

생각해보면 일상에는 칭찬할 일이 아주 많다. 땅으로 꺼질 듯이 몸이 무거운 날 욕실까지 가서 샤워를 한다는 게 얼마나 어려운 일인가. 입맛 없고 밥 차려 먹기도 귀찮은 날 밥을 두 끼나 먹는다는 건 또 얼마나 대단한 일인가. 회사 가기가 끔찍하게 싫음에도 도망치지 않고 출근하는 모든 직장인도 칭찬받아 마땅하다. 회사에서 기력이 탈탈 털렸는데도 친구와의 약속을 저버리지 않는 것 또한 무척 장한 일이다. 내 몸 하나 건사하기 버거운 날 밀린 설거지를 하고 밖으로 나가 산책하는 건 또 어떤가. 특별히 칭찬받아야 할 일이 틀림없다.

몸이나 마음이 힘들 때, 일이 많아 바쁠 때, 어떤 이유

Date...

___

로든 일상의 균형이 무너지려 할 때 나는 일부러 더 사소한 일을 칭찬한다. 사소한 일 하나하나가 모여 일상을 지탱하는 힘이 되기 때문이다. 아침에 일어나 이부자리를 정돈하고 청소기를 돌리고 아침을 차려 먹는, 규칙적인 생활을 칭찬한다. 손발톱을 깎고 빨래와 설거지를 하고 미용실에 가서 커트를 하고 꼼꼼히 샤워를 하는, 평범한 일상을 칭찬한다. 그러면서 나를 돌본다. 아침이 오는 게 점점 즐거워지기를 바라면서.

●

평소 아주 사소하다고 여긴 일들을 칭찬하면 알게 된다. 그 사소한 일 하나하나가 모여 이루는 일상이 얼마나 소중한지. 그래서 사소하고도 특별한 일을 일부러 하게 된다. 나에게 칭찬받기 위해 나를 움직이는 것이다.

나는 나에게 칭찬받기 위해 나를 잘 챙겨 먹였다. 팬데믹으로 긴 재택근무를 하는 동안 누군가의 돌봄을 받을 수 없는 1인 가구였던 나는 깨어 있는 시간 대부분을 일하는 데 쓰느라 자주 끼니 공백을 겪어야 했다. 그러다 바쁜 일과가 끝나면 종일 제대로 먹지 못한 것에 대한 보상 심리로 거한 음식을 배달시켜 먹었다. 그런 날은 꼭 폭식을 해서 몇 날 며칠 힘들어했다. 그런 식의 컨디션 난조가 일상적으로 반복되는 게 싫었다. 먹는 걸로 나를 학대하지 않으려면 의식적인 자기 돌봄이 필요했다. 나에게 좋은 음식을 먹이고, 충분한 식사 시간을 주고, 소화를 돕는 일련의 돌봄이 그것이었다. 사소하지만 특별한, 은근히 매일 지키기 어려운 일을 하면서 나는 꾸준히 나를 칭찬했다.

> 빵과 모닝커피 먹고 출근한 나를 칭찬해! 평소보다 조금 일찍 일어나니까 아침에 여유를 즐길 수 있었다.
>
> 파스타 만들어 먹은 거 칭찬해! 냉장고 속 남은 재료 탈탈 털어서 맛있는 요리를 만들어내면 특별히 더 뿌듯하다.
>
> 저녁 식사 후에 바로 설거지하고 산책한 나를 칭찬해! 아침에 깨끗한 싱크대를 보면 기분이 좋아질 거야.
>
> 제철 죽향 딸기 주문한 나를 칭찬해! 가격은 조금 부담됐지만 맛있는 과일 먹을 생각을 하니 벌써 기분이 좋네.

Date...

나를 살리려고 요리를 하면서 뜻밖의 즐거움도 찾았다. 있는 재료를 활용해 의외의 음식을 탄생시키는 것, 주재료의 특징을 잘 살릴 수 있는 부재료를 고르는 것, 낯선 식재료를 가지고 새로운 요리에 도전하는 것, 식당에서 먹어본 맛있는 음식을 잘 기억해뒀다가 응용해보는 것 등 요리하는 일련의 과정이 즐거웠다. 짧은 시간 안에 결과가 나오고 즉시 맛볼 수 있는 창작 활동인 것도 마음에 들었다. 칼과 불을 다뤄야 하므로 딴생각할 겨를이 없다는 점도 좋았다. 복잡한 머리를 비우고 싶을 때면 시간이 오래 걸리는 요리를 했다. 도마 앞에서 끊임없이 당근을 채 썰어 라페를 왕창 만들거나, 불 앞에서 하염없이 양파를 저어가며 수프를 만들었다. 그렇게 정성 들여 만든 요리를 나에게 대접할 때쯤엔 이미 기분이 좋아져 있었다. 스트레스를 칼질하고 고민거리를 중탕하며 요리 실력도 점차 늘었다.

덩달아 칭찬일기도 성장했다. 처음에는 사소한 일을 특별하게 여기며 칭찬했다. 다음에는 일부러 특별한 일을 하고 나를 칭찬했다. 그다음에는 칭찬일기를 더 구체적으로 써서 조금 특별했던 일을 훨씬 더 특별한 일로 만들었다. 작은 일에도 큰 의미를 부여하고 요란하게 기뻐하며 곱빼기 칭찬을 해준 것이다.

얼마 전 채소 구독 서비스를 신청해 첫 배송을 받았다. 케일, 적상추, 풋마늘, 시금치, 고구마, 새송이버섯, 가지, 연근, 당근을 어떻게 요리하면 좋을지 매일 레시피를 찾아보고 실천하고 있다. 재료 하나하나 허투루 쓰지 않으려다보니 자연히 배달 음식을 끊었고, 외출해서도 사 먹지 않고 웬만하면 집에 와서 해 먹으려고 노력하게 된다. 그저 잘 챙겨 먹는 습관을 가지려고 한 건데 나에게도 좋고 환경에도 이로운 생활을 하고 있다. 이런 내가 참 기특하고 멋지다. 꾸준히 이런 생활을 유지하고 싶다.

퇴근할 시간이 지난 걸 알고도 더 일하려다가 멈추고 밥 챙겨 먹은 거 칭찬해! 밥 먹은 뒤에도 더 일할지 망설이다가 관두고 쇼트트랙 챙겨 본 것도 칭찬해! 일을 했더라면 후련하긴 했겠지만 사실 무슨 일을 했는지 내일이면 다 까먹을 별거 아닌 일이었다. 반면 2022 베이징 동계 올림픽 쇼트트랙 여자 1500미터 경기에서 최민정 선수가 금메달 따는 순간을 생중계로 봤다는 건 평생 갈 기억! 내 시간을 역사의 한 장면에 쓰다니 뿌듯하다.

Date...

코로나로 격리 중인 이웃집 친구에게 음식을 만들어 배달했다. 오늘의 메뉴는 시금치 카레, 표고 콩밥, 상추 풋마늘 무침, 셀러리 피클. 아프고 입맛 없을 친구가 기분 좋게 식사할 수 있도록 일부러 색감 예쁜 음식으로 구성했다. 나도 먹으면서 친구 몫까지 이 인분을 만든 거라 전혀 어렵지 않았다. 슬기로운 요리 생활로 꾸준히 실력을 향상해온 나를 칭찬하고! 마주 앉아 같이 먹을 순 없어도 얼굴 보고 직접 온기를 전하며 친구가 조금이라도 덜 외롭길 바랐다. 어서 쾌유하길.

'아주 사소한 것부터 칭찬하기'라는 숙제는 내 생활을 완전히 바꿔놓았다. 나에게 필요한 생활 습관이 뭔지 머리로는 알지만 실천이 잘 안 될 때, 칭찬일기라는 훌륭한 러닝메이트가 있어준 덕분이다.

여기서 하나 반전이 있다. 모든 요리를 척척 해내는 요리 마스터가 됐으면 몸도 마음도 매일 건강하게 지냈을 것 같지만, 그러지 못했다. 결심이라는 게 언제나 잘 지켜지는 건 아니니까 어쩌면 당연한 일이다.

 도저히 요리해 먹을 시간도 기력도 없는 날, 나는 다시 배달 앱을 열었다. 뭘 먹었는지 기억나지 않는 대충 때운 끼니로 하루를 연명한 날도 많았다. '퇴근 후에 저녁 잘 차려 먹을 거니까'라며 점심을 건너뛴 날도 많았다. 배고팠던 만큼 특별히 잘 차려 먹고 싶어서 '특식'이라고 이름 붙여 과식을 한 날도 많았다. 배고픔을 잊고 아예 나를 굶긴 날도 많았다. 그러다 칭찬일기마저 회피하고 싶은 날이, 많았다. 그럴 때마다 나는《살아있으니까 귀여워》에 나오는 한 문장을 떠올렸다.

> 아무것도 못 했어도 괜찮아요. 아무것도 못 하는 걸 견디느라 고생했어요.

 살다보면 사소한 칭찬조차 하기 어려운 날이 있다. 칭찬은 기본적으로 무언가를 했다는 사실 뒤에 따라오는 평가이므로, 사소한 것이라도 칭찬하려면 사소한 '무언가'를 '해야' 한다. 그러니까 무엇도 하기 힘든 날에는 '아주 사소한 것부터 칭찬하기'라는 가벼운 숙제가 역설적으로 가장

Date...

무거운 임무처럼 느껴진다. 그토록 미약한 무언가마저 하지 못했다는 생각으로 의기소침해지기도 한다.

그런 날 나는 숙제를 하지 않는다. 사소한 '무언가'를 '하지 않는' 것이다. 대신 아무것도 못 했어도 괜찮다며, 칭찬이 아닌 위로를 한다. 아무것도 못 하는 걸 견디느라 고생한 나를 가만히 토닥인다. 가끔은 무언가를 하지 않는 것에 아주 큰 에너지가 필요하다. 그런 날은 그 사소한 사실을 기억하는 나를 칭찬해주는 것만으로도 충분하다.

지금 할 수 있는 일,
아주 사소한 칭찬을 해보세요.

- 일상에서 사소하고도 특별한 일을 찾아 한 줄 칭찬일기를 써보세요.
- 작은 일에 큰 의미를 부여해 구체적인 문장으로 칭찬일기를 써보세요.

04 | 정신 승리 아닌 칭찬 정신

자기합리화에 발목 잡히지 않는 칭찬법

혼자서만 쓰던 칭찬일기를 다른 사람들과 같이 쓰려고 시도했을 때, 나는 '셀프 칭찬일기'라는 게 무엇인지 사람들에게 설명해야 한다는 사실에 당황했다. '셀프', '칭찬', '일기'라는 세 단어의 조합만으로 그것의 개념은 물론, 하는 방법까지 사람들이 직관적으로 이해하리라고 생각했기 때문이다(물론 이해가 된다고 하더라도 많은 설명이 필요하다는 걸 이 책을 쓰며 깨닫고 있다).

특히 나를 놀라게 한 질문은 두 가지였다. 하나는 "칭찬일기와 감사일기가 다른 건가요?"였고, 다른 하나는 "셀프 칭찬이라는 건 결국 정신 승리 아닌가요?"였다. 전자는 생각지도 못한 질문이라 놀랐고, 후자는 나도 내심 품고 있

Date...

던 질문이라 놀랐다. 어느 쪽이든 허를 찔린 기분이었다.

그 전까지 나는 칭찬일기가 감사일기와 비교 선상에 놓일 거라고 생각해본 적이 없었다. 감사일기는 매일 겪은 일이나 만난 사람들로부터 느낀 감사함을 적는 일기다. 오프라 윈프리의 성공 비결이라고 알려지면서 대중적으로 널리 퍼졌다고 한다.

온라인에서 '감사일기'를 검색하면 디자인 문구 상품으로 나온 일기장들이 나온다. '하루 다섯 가지 감사일기'를 꾸준히 쓰는 리추얼이나 '하루 백 가지 감사일기'를 쓰는 챌린지에 도전했다는 블로그 게시물도 쉽게 찾아볼 수 있다. '감사일기로 삶이 바뀐 사람들'과 같은 제목으로 감사일기 작성 방법과 효과, 그로 인한 변화 등을 알려주는 유튜브 콘텐츠도 많다.

내가 확실히 아는 것이 있다면, 만약 당신이 당신 앞에 나타나는 모든 것을 감사히 여긴다면 당신의 세계가 완전히 변할 거라는 점이다. 가지지 못한 것 대신 내가 이미 가지고 있는 것들에 초점을 맞춘다면 당신은 자신을 위해 더 좋은 에너지를 내뿜고 만들어낼 수 있다.

- 오프라 윈프리, 《내가 확실히 아는 것들》

오프라 윈프리의 조언처럼, 감사일기는 대체로 '내가 이미 가지고 있는 것들'에 초점을 맞춘다. 가지지 못한 걸 욕심내지 않고 곁에 있는 걸 소중하게 대하는 태도가 감사일기의 뼈대를 이루는 정서다. 감사일기를 쓰는 사람들은 감사하는 습관을 들이며 부정적인 생각을 긍정적으로 변화시키고, 타인과 세상을 대하는 마음가짐에 여유를 가지는 데서 행복감을 느낀다.

긍정적인 사고를 지향한다는 점, 일상의 사소한 부분도 놓치지 않고 들여다보는 일기를 쓴다는 점, 너무 쉽고 간단해 보여서 직접 해보기 전에는 '설마 이게 효과가 있을까?' 의심하던 사람도 직접 해보면 금방 효과를 느낀다는 점에서 감사일기는 칭찬일기와 유사하다.

하지만 둘은 명백히 다르다. 감사일기는 '밖'을 향하고 칭찬일기는 '안'을 향한다는 점에서 그렇다. 동일한 주제로 감사일기와 칭찬일기를 각각 써보면 그 차이를 알 수 있다.

Date...

감사일기: 오늘도 가뿐하게 일어나 기분 좋게 하루를 시작할 수 있음에 감사합니다.
칭찬일기: 오늘도 가뿐하게 일어나 기분 좋게 하루를 시작할 수 있도록 컨디션 관리를 잘한 나를 칭찬합니다.

감사일기: 아름다운 봄날을 누릴 수 있게 해주셔서 감사합니다.
칭찬일기: 아름다운 봄날을 그냥 지나치지 않고 부지런히 누리는 나를 칭찬합니다.

감사일기: 친구들과 즐거운 모임을 할 수 있어 감사합니다.
칭찬일기: 친구들과의 모임에 참석해 즐거운 시간을 보낸 나를 칭찬합니다.

두 일기 모두 일상을 긍정하는 내용이라는 점은 같지만, 긍정의 대상이 다르다. 감사일기의 화자는 세상을 긍정한다. 있는 그대로의 세상을 긍정적인 방향으로 받아들이며 행복감을 느낀다. 한편 칭찬일기의 화자는 '나'를 긍정한다. 가뿐하게 일어나 기분 좋게 하루를 시작해서 좋았다면 '컨디션 관리를 잘한 나'를, 아름다운 봄날을 누려서 행복했다면 '봄날을 그냥 지나치지 않고 부지런히 누린 나'를, 친구들과의 모임이 즐거웠다면 '모임에 참석해 즐거운 시간을 보낸 나'를 긍정한다. 다시 말해 '특정한 말이나 행동, 생각을 한 나'를 긍정하는 것이다.

감사일기가 익숙한 사람에게는 셀프 칭찬이 자기 자신에 대한 감사처럼, 칭찬일기가 익숙한 사람에게는 감사일기가 타인에 대한 칭찬처럼 느껴질 수도 있다. 표현하는 방법은 다르지만 일상을 긍정하는 방향성은 같으니 어느 쪽이든 자신에게 잘 맞는 형식을 선택하는 게 중요하다. 나의 경우에는 긍정의 대상에 '나'를 두는 칭찬일기가 잘 맞았다.

자기합리화가 필요한 순간이 있다. 사는 게 고되면 모든 일에 미련을 두지 않고 '좋은 게 좋은 거'라고 생각해버리고 싶어진다. 복잡하게 생각하고 싶지 않아서다. 칭찬일기나 감사일기는 그럴 때 자기합리화로 쓰기 아주 편한 도구다. 나쁜 상황에 처해도 긍정 마인드를 소환해 문제를 덮어버리면 그만이기 때문이다.

칭찬일기 초보 시절에는 나도 별생각 없이 '정신 승리'

Date...

___

용도로 칭찬을 썼다. 특히 몸이 아픈데 쉬지 못하고 일해야 하는 상황에서 칭찬일기는 정신력 고양에 특효약이었다.

> 아픈 몸으로도 열심히 일한 나, 칭찬해! 타이레놀 두 알 먹고 몸살 투혼을 발휘했다.
>
> 경추 이상으로 목이 안 돌아가는 와중에도 열심히 일한 나, 칭찬한다!
>
> 컨디션이 돌아오지 않아 힘들었는데 평소보다 더 많은 일을 해냈다. 고생 많았어!

당시에는 이런 칭찬에 문제의식을 느끼지 못했다. 옳고 그름을 따질 겨를이 없었다. 알았다 한들 정신 승리도 어쨌든 승리라며 위안 삼고 싶었을지도 모르겠다. 때로는 정말 정신 승리가 정신적으로 이로울지도 모른다. 하지만 그렇기 때문에 더더욱, 의식적으로 경계해야 한다. 셀프 칭찬이 '위로'와 '인정'이라는 기반 위에서 움직이는 달콤한 제안이기 때문이다.

직장에서 동료에게 폭언을 퍼부은 사람이 있다고 가정해보자. 누군가에게 모욕을 주고도 사과 한마디 하지 않은 사람이 자기합리화를 한다면, 이렇게 칭찬일기를 쓸지도 모른다.

> 평소 일 처리가 답답해서 짜증 나게 하던 동료에게 오늘 따끔하게 한마디 했다. 참지 않고 할 말은 하는 나를 칭찬한다.

극단적인 예시 같지만 현실에서 충분히 일어날 수 있는 일이다. 옳고 그름을 따지지 않고 무조건 내 편을 들어주려고 가져다 쓰는 셀프 칭찬은 비겁하다. 하지만 스스로 비겁함을 깨닫기란 쉽지 않다. 사람들은 대개 자기 자신에 대한 긍정적 환상(positive illusion)이 있기 때문이다.

긍정적 환상은 무의식적으로 자기 자신을 좋게 해석하는 현상을 의미한다. 자신을 객관적·중립적으로 인식하지 않고 약간 긍정적으로 해석하는 걸 전문가들은 일반적인 인간 사고의 특징이라고 말한다. 쉽게 말해 자신이 남들보다 낫다고 착각하는 사람이 아주 많다는 거다. 긍정적 환상으로 자존감이 높아지고 낙관적인 태도를 가지게 된다

Date...

는 건 장점이지만, 자칫하면 자기기만이나 자기방어로 인해 부정적인 결과를 초래한다. 따라서 셀프 칭찬처럼 긍정적 사고 습관을 기르고자 할 때는 평소보다 더 주의를 기울여 자기합리화를 경계할 필요가 있다.

   매일 칭찬일기를 쓰는 행위를 반복하다보면 관성이 붙어 문제의식이 흐릿해지는 순간이 온다. 맹목적으로 나를 칭찬하느라 문제 원인을 객관적으로 판단하지 못하거나, 칭찬을 포장지 삼아 문제를 대충 가리고 넘어가거나, 진심으로 칭찬할 일이 아닌데도 억지 칭찬을 하며 상황을 왜곡하게 된다. 그러니까 더 열심히 의심해야 한다. 칭찬일기를 '썼다'는 결과에만 도취되지 말고 '어떤' 칭찬일기를 썼는지 들여다봐야 한다.

   내 발목을 붙잡는 자기합리화의 수단으로 셀프 칭찬을 쓰지 않기 위해 나는 꾸준히 자문한다. 내가 '칭찬하고 싶은 나'는 어떤 생김새를 가졌는지, 셀프 칭찬의 말 속에 부끄러움의 여지가 없는지, 진정으로 나에게 이로운 삶의 태도가 무엇인지. 셀프 칭찬의 힘을 잘 아는 사람으로서, 적절한 수준의 자기 검열은 긍정적 환상의 순기능을 강화해주리라 믿는다.

자기합리화 체크리스트

- 상황을 객관적으로 인지하고 받아들였나?

- 나의 실수나 실패를 외면하고 있지 않는가?

- 나의 의무와 책임을 회피하고 있지 않는가?

- 혹시 '긍정하는 나'라는 이미지에 지나치게 심취하지 않았나?

- 부정적인 감정을 방치하거나 대충 넘어가려고 하지 않는가?

- 잘못된 말과 행동과 생각을 '어쩔 수 없었다'는 핑계 혹은 그럴듯한 합리화로 속이려고 하지 않는가?

- 만약 나의 칭찬일기를 보고 누군가 '정신 승리'라고 말한다면 부끄럽거나 발끈하는 감정이 들 것인가?

지금 할 수 있는 일,

감사일기와 칭찬일기를 써보세요.

- 감사일기를 쓴 뒤 긍정의 대상을 '나'로 바꿔 칭찬일기를 써보세요.
- 자기합리화 체크리스트로 칭찬일기를 점검해보세요.

| 05 | **도저히 칭찬하기 어려운 날에는**

힘든 날의 감정 관리법

일본 소도시 여행을 다녀왔다. 하루 전날 티케팅해서 즉흥으로 떠난 여행이었다. 쿨한 결정 뒤에는 전혀 쿨하지 못한 결과가 따랐다. 그곳은 여러모로 예상을 빗나가는 도시였다. 할 것도 볼 것도 없었다. 없어도 너무 없었다. 돈과 시간이 아깝다는 생각에 기분이 썩 좋지 않았다. 그렇다고 부정적인 감정으로 여행을 망칠 순 없는 노릇. '노잼' 도시에 가서도 나만의 '유잼'을 발견해내는 걸 자랑으로 여기는 여행자로서 약간 자존심도 상한 터라 곰곰이 생각해봤다. 어째서 유독 이 도시에서만은 재미를 발견하기 어려운 건지.

내가 찾은 답은 오만이었다. 이름도 존재도 몰랐던 도

시를 여행하기로 하면서 나는 '일본 여행 많이 해봤으니까, 다른 도시랑 비슷하겠지'라고 생각했다. 한국의 도시가 모두 같지 않듯 일본도 도시마다 제각기 다른 개성이 있는 건데, 다 같은 일본이겠거니 생각하고는 기대와 다르다고 실망했다. '30대 여성' 같은 인구통계학적 분류로 기업의 소비자나 정치권의 유권자로 묶이는 걸 싫어하면서, 서로 다른 지향과 교차성을 지닌 사람들을 '우리'라는 이름으로 퉁치는 걸 경계하면서 도시에는 왜 그 기준을 적용하지 못한 걸까. 겸허한 반성의 시간을 보내며 일기를 썼다.

> 여행지에 볼 게 너무 없어서 실망했다. 뭐가 문제인지 곰곰이 생각해봤더니, 문제는 나에게 있었다. 이 도시의 개성을 보려 하지 않고 '답정너'처럼 기대상을 정해둔 채 보고 싶은 것만을 찾아다녔던 거다. 반성할 건 반성하되 실망감에 짓눌리지 않고 이런 교훈을 발견하는 내가 장하다. 내일은 발길 닿는 대로 다니며 열린 마음으로 이 도시를 즐겨봐야겠다. 특별한 여행으로 기억하게 될 것 같다.

다음 날, 정말 발길 닿는 대로 다니며 열린 마음으로 도시를 즐겼다. 버스에 올랐다가 얼마 안 가 느낌 좋은 동네가 나

Date...

타나 급히 내렸다. 옛날식 다방에 가서 귀여운 모닝 세트를 먹고 작은 빵집에 들러 바게트를 샀다. 파란 하늘의 반영이 아름다운 하천 변을 걸었다. 지도 앱만 들여다볼 때는 알지 못했던, 스스로 움직이지 않고는 볼 수 없는 장면이었다. 걷다 보니 익숙한 동네에 다다랐다. '할 것도 볼 것도 없다'며 실망하던 그 동네였다.

●

　칭찬일기를 쓴다고 하면 사람들은 '잘한 점'만 칭찬할 거라고 생각하는데, 그렇지 않다. 칭찬일기가 진짜 빛을 발하는 순간은 '아쉬운 점'을 외면하지 않을 때다. 반성할 건 반성하되 실망감에 짓눌리지 않고 꿋꿋이 자기 돌봄을 실천하는 거다.

　실수하거나 실패한 날, 부정적인 감정에 지배당해 아무 일도 손에 잡히지 않는 날, 그대로 하루를 망치지 않게 하는 나만의 방법이 있다. '이 부정적인 감정을 언제까지 끌어안고 있을래?'라고 자문하는 거다. 지금도 끔찍한데 내일도 이런 기분으로 하루를 맞이해야 한다고 생각하면 너무 싫다. 그러면 다시 묻는다. '나의 노력으로 오늘 안에 해결 가능한 감정인가?' 만일 가능하다는 판단이 서면, 노력한다. 오늘은 일부 망했지만 내일만큼은 망칠 수 없다는 전투력이 상승한다.

아쉬운 점을 돌아볼 때는 부정적인 감정으로 하루를 끝내지 않는 게 중요하다. 아쉬운 점이 하루의 '최고점'을 차지한 건 이미 벌어진 일이라 손쓸 수 없지만, '최근점'을 어떤 감정으로 마무리할지는 내가 선택할 수 있다. 가령 '여행지에 볼 게 너무 없어서 실망했다' 같은 부정적인 감정에 휩싸이더라도 그게 하루의 마지막 감정이 되지 않도록 노력하는 거다. 내가 자주 쓰는 수법은 경험에서 의미를 발견하고 긍정적인 다짐을 하는 것이다. 반성과 칭찬 끝에 '특별한 여행으로 기억하게 될 것 같다'는 기대감으로 하루를 마무리했던 것처럼 말이다.

물론 하루 안에 해결하기 어려운 감정이 밀려드는 날도 있다. 타인으로 인해 불쑥 화가 났던 날, 나는 처리되지 않은 부정적인 감정을 끌어안고 잠을 설쳤다. 상황을 객관적으로 해석하는 것부터 쉽지 않았다. 감정을 어떻게 처리해

Date...

___

야 할지 고민했다. 시간이 자연 소화해줄 불씨라면 계속 참았겠지만 그런 종류가 아니었다. 답은 하나였다. 상대와 만나서 대화를 나눠야 했다. 긴 대화를 나누며 사과를 주고받고 나서야 나는 며칠 만에 비로소 칭찬일기를 쓸 수 있었다.

부정적인 감정으로 며칠을 힘들어했다. 과거의 나였다면 경솔하게 행동하고는 후회하거나 회피를 선택함으로써 소중한 관계를 잃어버렸을지도 모른다. 이번에는 그러고 싶지 않아서 신중하게 고민했다. 그러면서도 부정적인 감정에 너무 오래 지배당하지 않으려고 애썼다. 결국 서로를 위해 꼭 필요한 대화를 했다고 생각한다. 큰 용기를 낸 나를 칭찬한다.

살면서 힘든 일을 맞닥뜨릴 때 감정이 앞서는 사람이 있는가 하면 이성적으로 생각하는 사람이 있다. 나로 말할 것 같으면 본능적으로 차가워지는 사람이었다. 슬퍼하거나 좌절할 틈 없이 일단 문제부터 해결하는 사람. 그래서 나는 내가 위기관리 능력을 타고난 줄 알았다. 제때 돌보지 못한 감정이 한참 후에 해일처럼 밀려와 뒤늦게 너무 많이, 너무 깊이 힘들어지는 경험을 하기 전까지는.

힘든 일을 겪으면 자기 감정을 돌볼 줄도 알아야 한다. 감정은 없는 셈 치고 교통정리에만 집중하는 것도 일종의 방어기제일 수 있다는 걸 알고 난 뒤로 나는 부정적인 감정이 찾아오면 감정 관리 모드를 실행하게 되었다.

우선 감정을 객관화한다. 감정에 이름을 붙이는 거다. 이게 불편인지 불쾌인지 짜증인지 언짢음인지 화가 나는 건지 부아가 치미는 건지 분노가 끓어오르는 건지……. 처음에는 그냥 '기분 나쁘다' 정도로 두루뭉술했던 감정에 '좋게 말하면 불편함이지만 솔직히 말하면 화남'과 같이 구체적인 언어를 붙여주는 작업이다.

다음에는 그런 감정을 느끼게 된 원인과 함께 내 감정의 타당성을 살핀다. 경험상 '별일 아닌 걸 가지고 내가 예민하게 구는 건가?' 싶을 때는 그렇게 만든 원인 제공자의 잘못인 경우가 많다. 하지만 앞선 사례에서 느꼈던 감정은 그것과는 다른 종류인 것 같아 믿을 만한 친구에게 상황을 설명하고 객관적인 판단을 청했다. 화날 일인 건 맞지만 이렇게까지 깊이 화날 일인지는 모르겠으니 그 이유가 무엇인지 생각해보면 좋겠다는 조언을 얻었다. 당시 상대의 발언 중에서 특정 대목이 나의 민감한 부분을 건드렸기 때문

Date...

에 '화'까지 났다는 걸 인정하지 않을 수 없었다. 그렇다면 단순히 상황을 탓하거나 상대의 태도를 지적할 문제가 아니었다. 그 대화로 인해 내가 어떤 감정을 느꼈고 왜 그런 감정을 느끼게 되었는지 상대에게 설명할 필요가 있었다.

이 정도로 깊이 고민하면 어떤 생각이나 행동을 하는 게 나를 위해 좋은 선택인지 자연히 떠오르기 마련이다. 산책하며 마음을 가라앉힐지, 코인 노래방에 가서 스트레스를 풀지, 당분간 조용히 슬퍼하는 기간을 가질지, 문제 상황으로 용감하게 뛰어들지……. 나에겐 용기가 필요했다. 상대에게 연락할 용기. 내 가슴의 불씨를 꺼내 보일 용기. 이런 상황에서 용기란 부정적인 감정을 끌어안은 채 혼자만의 갈등으로 괴로워하는 시간을 이제 그만 끝내고 싶다는 바람에서 비롯되기도 한다. 그래서 나는 용기를 냈고, 일상을 덮친 부정적인 감정을 슬기롭게 바깥으로 내보낼 수 있었다.

힘든 일을 겪어내고 나면 어쩐지 손톱만큼 자랐다는 느

낌을 받곤 한다. 가급적이면 힘든 일을 겪고 싶지 않다는 바람과는 별개로, "애들은 싸우면서 큰다" 같은 속담에 고개가 절로 끄덕여지는 걸 보면 갈등, 풍파, 실패 등이 성장의 원동력이었다는 걸 부정할 수 없다.

애니메이션 영화 〈인사이드 아웃 2〉에 등장하는 사춘기 청소년 라일리도 그랬다. 라일리의 머릿속 감정 컨트롤 본부에는 '기쁨', '슬픔', '버럭', '까칠', '소심', '불안', '당황', '따분', '부럽'이라는 감정이 있다. 그중 주로 통제권을 쥐는 감정은 '기쁨'이었다. 덕분에 라일리는 잘 웃고 명랑한 아이로 자랐다. 하지만 항상 행복한 날만 있는 건 아니다. 사춘기를 겪으며 라일리가 혼란에 빠지자 '불안'이 통제권을 장악한다. 언제나 최악의 상황을 상상하고 일어날 수 있는 모든 일에 대비하던 '불안'은 자신의 늪에 빠져 결국 상황을 최악으로 몰아간다. 라일리를 구출하기 위해 감정들은 힘을 합친다. 라일리의 무너진 신념을 바로 세우기 위해 모험을 강행하면서 영화는 절정으로 향한다.

〈인사이드 아웃〉 세계관에 따르면 나의 주요 감정은 '긍정'이었다. 세상을 밝고 따뜻한 시선으로 바라보고 낙관하는 태도를 가진 사람이 되고 싶다고 늘 생각했다. 그래서 매

Date...

달 하는 월간 회고의 한 코너에 '기분 그래프'를 그렸다. 주 단위로 5단계의 기분 상태(아주 좋음-좋음-보통-나쁨-위험)를 표시하는 방식으로 한 달 동안의 기분을 추적했고, 가능한 한 좋은 기분을 유지하려고 애썼다.

사실 일주일 치 기분을 한 가지 상태값으로 묶는 건 쉽지 않다. 그래서 '대체로 기분 좋은 순간이 많았다'거나 '기분 나쁜 순간도 있었지만 기분 좋은 순간의 영향이 컸던' 주간이면 '기분 좋음'이라고 표시하는 식으로 나름의 기준을 두곤 했다. 초기 몇 개월은 내 기분을 연구하는 것 같아 재밌었다. 그런데 어느 순간부터 묘한 회의감이 들었다. 기분이 좋을 때든 나쁠 때든 나는 나를 사랑하고 싶은데, 기분 그래프는 형식의 특성상 '좋은 기분'을 지향하고 '나쁜 기분'을 배척하는 태도를 부추겼다.

기분 그래프를 통해 내가 바란 '긍정'의 상이 무엇인지 알게 됐다. 감정의 좋고 나쁨을 떠나, 어떤 경우에든 한결같이 일상을 다정하게 대할 수 있는 여유이자 그런 여유를 잃지 않으려는 노력. 한 단어로 표현하자면 '항상심'이 아닐까 싶었다. 그래서 지금은 월간 회고에 '항상심 그래프'를 그린다. 의식적으로 '한결같음'을 유지하려고 애쓰게 된다는 점이 마음에 든다.

　삶은 기분 좋은 순간만으로 이루어지지 않는다. 내가 아무리 '긍정'을 추구해도 가끔은 불쑥 '부정'적인 태도가 튀어나오고, 대체로 '신중'한 편이지만 어느 날에는 무턱대고 '충동'적인 선택을 한다. 어떤 사람들은 나더러 '차분'하다고 하고 어떤 사람들은 '명랑'한 이미지로 기억한다. 아침에는 '행복'했다가 저녁에는 언제 그랬냐는 듯이 '불안'에 휩싸인다. 위풍당당하게 '자신' 넘치는 날이 있는가 하면 한없이 쪼그라들고 타인에게 '부럽'다고 말하는 날이 있다. 이 모든 감정이 내 것이다. 여러 감정이 모여서 내가 된다.

　그 사실을 알기 때문에 나는 아무 때나 '긍정'을 소환하지 않는다. 힘들어 죽겠는데 '힘들 때 웃는 자가 일류'라면서 억지웃음 짓지 않는다. 힘들면 힘들다고 떼쓰고 슬프면 그냥 엉엉 울어버리는 사람이 되려고 한다. 그러고 나서 내 감정에 솔직했던 걸 칭찬한다. 때때로 그마저도 칭찬하기 어려운 날은 그저 가만히 내 감정을 바라본다. 그날 못 한 칭찬은 미래의 어느 날 하게 될 테니 괜찮다. 그날 거울 속에는 다양한 감정을 수용하며 성숙해진 어른의 얼굴이 있을 것이다.

Date...

지금 할 수 있는 일,

힘든 날의 감정을 표현해보세요.

🟡 감정에 구체적인 언어로 이름을 붙여보세요.
🟡 부정적인 감정으로 하루가 끝나지 않도록 기대를 담은 문장으로 칭찬일기를 마무리해보세요.

06 | 칭찬으로 티끌 모아 태산

칭찬 시야를 넓히는 회고 노하우

매달 말일 즈음이 되면 월간 회고를 한다. 책상에 앉아 직접 만든 노트를 펼치고 손글씨로 한 자 한 자 써 내려가며 지난 한 달을 정리하는 시간을 나는 참 좋아한다. 2021년 7월 시작한 월간 회고는 '#김키미의월말결산'이라는 해시태그를 붙여 인스타그램에 꾸준히 올리고 있다.

처음 회고를 올렸을 때는 팔로워들이 반응하는 게 신기했다. 남의 일기를 훔쳐보는 기분이라는 사람도 있었고, 손으로 꾹꾹 눌러쓴 글씨가 좋다는 사람도 있었다. 용기 내 올려줘서 고맙다며, 잘 정돈된 일기에서 많은 인사이트를 얻었다는 사람도 있었다. 회고라는 핑계로 공유하는 사생활을 사람들은 '콘텐츠'로 인식하는 것 같았다. '일부러 사진

Date...

을 확대해야 알아볼 수 있는 깨알 같은 글씨인데, 이걸 다 읽었다고?' 의아한 한편, 확대해서 보는 행위가 훔쳐보는 재미를 완성하는지도 모르겠다는 생각이 들었다. 어쨌든 사람들이 재밌어하니까 신이 났다.

'김키미의 월말 결산' 첫 장은 요약정리 코너다. 위에는 이번 달의 총평을 쓰고, 아래에는 항상심 그래프를 그린다. 한 달 동안의 주요 이벤트를 적고 꺾은선 그래프를 그려 시각화한다.

다음 장에는 주간 칭찬일기를 쓴다. 주 단위로 나를 칭찬할 만한 일을 떠올리며 어떤 경험을 했고 그것이 나에게 어떻게 의미 있었는지 문장으로 기록해둔다.

그다음 장부터는 한 달 동안 한 일을 주제별로 기록한다. 주제 분류법은 지금까지 다양한 시도를 하며 변화했는데, 현재는 '일 회고'와 '일상 회고'라는 대분류를 두고 그 하위에 소분류를 둔다. 일 회고의 소분류에는 '집필', '브랜딩'(퇴직 전에는 '회사'도 있었다). 일상 회고의 소분류에는 '사교/활동', '가계/돌봄', '사회/소식', '콘텐츠'가 있다. 주제 분류의 역할은 두 가지다. 한 달 동안 겪은 일을 모두 정리하지는 못해도 중요한 일을 놓치지 않도록 도와주는 수단, 그리고 일에 지나치게 몰입하느라 일상을 소홀히 하지 않도록 점검하는 장치다. 일 회고의 양과 일상 회고의 양을 비교하면서 가능한 한 적게 일하고 풍요로운 일상을 영위하자는 가치관을 잘 실천하고 있는지 회고를 통해 매달 가늠할 수 있다. 만약 여행이나 특별 프로젝트 등 오래 기억하고 싶은 이벤트가 있다면 별도의 주제로 구분해서 정리한다.

마지막 장에는 다음 달의 다짐을 적는 것으로 회고를 마친다.

이렇게 회고를 지속하는 동력은 두말할 것 없이 '루틴'이다. 나의 회고 루틴은 일에서 주로, 주에서 월로, 월에서 연으로 이어진다.

우선, 매일 밤 자기 전 일기장 앱(Day One)에 일간 회고를 한다. 하루 동안 한 일을 간단히 나열하고 그날 찍은 사진 몇 장을 업로드한다. 칭찬일기를 쓰기도 하고, 그날 골똘히 생각한 게 있거나 인상적인 대화를 나눴거나 꼭 기록해두고 싶은 게 있다면 그에 관한 일기도 쓴다. 나 혼자만 보는 기록이므로 정제되지 않은 생각도 툭툭 남긴다. 10년 넘게 같은 앱을 쓰고 있어 언제 뭘 했는지 검색하기 용이하다는 장점도 있다. 일평균 5분에서 10분씩 투자해 개인용 위키트리를 쌓는 셈이다.

매주 일요일 밤에는 노트북 앞에 앉아 온라인 문서(Google Docs)에 주간 회고를 한다. 일주일 치 일간 회고를 요약정리하고 그중 특히 의미 있던 경험을 끄집어내는 시간이다. 이때부터 주제 분류를 적용해 기록하고 주간 칭찬일기를 쓴다. 30분가량 소요된다.

매달 말일에는 책상에 앉아 노트를 펼치고 월간 회고를 한다. 한 달 치 주간 회고를 요약정리하고 항상심 그래프를 그리고 이번 달의 총평에 해당하는 월간 칭찬일기를 쓰고 다음 달의 다짐을 적는다. 매년 말일에 하는 연간 회고도 마찬가지다. 한 해를 마무리하며 열두 개의 월간 회고를 정리한다.

월간 회고를 지속하기 어려워 포기했다는 사람을 여럿 만났다. 하고 나면 정말 좋은데, 하기까지가 어렵다는 것이었다. 월 단위 회고를 한 번에 몰아서 하면 자연히 많은 시간이 소요된다. 그러면 한두 번은 재밌을지 몰라도 쉽게 지친다.

결국 부담을 극복하지 못해 차일피일 미루게 되고, 지난번 회고를 못 했다는 핑계로 이번 회고를 포기하게 된다.

회고를 '열심히', '잘'하기 전에 '쉽게', '꾸준히' 할 수 있는 나만의 루틴을 찾아야 한다. 그래야 내 것이 될 수 있다. 나도 월간 회고를 처음 할 때는 매번 반나절 이상 긴 시간을 들였다. 한 달 동안 있었던 일을 일목요연하게 정리하는 게 생각보다 만만치 않았다. 회고 루틴을 정립한 뒤로는 2시간 만에 월간 회고를 마칠 수 있게 되었다.

2025년부터는 시간을 더 줄이기 위해 월간 회고도 온라인으로 전환했고, 손글씨 노트 기록은 오래 기억하고 싶은 내용만 발췌해 분기 회고로 정리하고 있다.

주기별 회고는 칭찬일기 작성에도 유의미한 경험이었다. 일 단위로 칭찬일기를 쓰던 때는 주로 사소한 행동을 칭찬했다. 칭찬의 단위를 일 단위에서 주간, 월간, 연간으로 넓히자 칭찬의 반경도 넓어졌다. 보다 거시적인 관점으로 칭찬할 점을 발견하게 됐다. 새로운 칭찬의 세계가 펼쳐진 것이다.

특히 매일 조금씩이라도 꾸준히 해야 성과가 드러나는 일에 대해 칭찬하는 경험이 좋았다. 일간 칭찬일기를 쓸 때는 매일 같은 칭찬을 반복하기보다는 새로운 칭찬거리를 찾게 된다. 그래서 어떤 일들은 제대로 칭찬받지 못하고 넘어가기 일쑤다. 운동, 독서, 공부, 글쓰기, 규칙적인 수면 등 건강한 삶을 영위하게 하는 루틴들이 그것이다.

배달 음식을 줄이려고 노력하는 중이라고 가정해보자. 일 단위로는 오늘의 행동을 기준으로 칭찬하게 된다. 배달 음식 시키고 싶은 충동을 억제한 것, 귀찮음을 이겨내고 간단한 요리라도 직접 만들어 먹은 것 등을 칭찬할 것이다. 그런데 한 달 동안 배달 음식을 시키지 않는 데 성공하고 월간 칭찬일기를 쓰면 어떻게 될까?

배달 음식을 줄이면서 나를 위해 건강한 식습관을 만들고 있다. 직접 식재료를 사서 요리해 먹는 즐거움을 조금씩 알게 되는 것도 좋다.

한 달 동안 배달 음식을 시키지 않아 플라스틱과 비닐 등 포장 용기 쓰레기가 없어졌다. 배달하는 동안 나오는 탄소 배출량 감소에도 손톱만큼이나마 기여한 것 같아 기쁘다.

그동안 과하게 지출하던 식비와 배달비가 대폭 줄어 생활비가 남았다. 이참에 운동을 등록해 더 건강해져야겠다!

여러 번의 '오늘'이 쌓여서 기록된 칭찬일기에는 다채로운 칭찬이 담긴다. 단순히 '배달 음식을 먹지 않았다'는 사실뿐 아니라 그로 인해 얻은 교훈, 삶의 변화, 새로운 목표 등 칭찬할 거리가 파생되는 효과가 있다. 칭찬일기를 무한히 활용하고 싶다면, 주기별 회고와 함께 주기별 칭찬일기도 챙겨 써보자.

한동안 마음을 많이 쓴 일을 회고하며 칭찬하는 경험도 좋았다. 이 책의 출간 계약을 하기 전 나는 직접 출판사를 차려서 내 책을 출판할 계획을 가지고 있었다. 그래서 혼자 책을 기획하고, 같이 일할 동료를 구하고, 출판사 이름도 정했다. 어떻게 책을 홍보할지 궁리하면서 글을 썼다. 머리로만 구상할 때는 재밌었는데 선뜻 출판업 등록을 하기는 어려웠다. 뒤늦게 현실을 직시하게 된 것이다. 반년 넘게 하던 상상을 철회하면서 나는 애써 나를 칭찬했다.

Date...

출판사 창업은 내 욕심이었다. 가능한 한 적게 일하며 살기를 바라며 퇴직했으면서, 그 지향을 거스르고 누구보다 많이 일해야만 하는 방법을 택했다는 걸 인정하기로 했다. 꼭 해내고자 하는 동기가 부족하다면 하지 않는 게 맞다. 내가 내린 결정을 번복하는 게 참 싫지만, 때로는 뭔가를 '하는' 결정보다 '안 하는' 결정이 더 어려운 거니까. 그 어려운 걸 해낸 나를 칭찬해주고 싶다. 머지않아 좋은 출판사를 만나 출간하게 되리라 믿는다.

시간을 두고 오래 고민한 일을 정리하거나 공들였던 일이 뜻대로 되지 않아 힘들 때는 셀프 칭찬을 할 때도 평소보다 큰 정성이 필요하다. 그럴 때는 일의 마침표를 찍는다는 생각으로 천천히 지나간 시간을 돌아보면서 나를 돌보는 칭찬의 말을 해주자.

●

회고는 혼자 해도 재밌지만 같이 하면 더 재밌다. 내가 멤버로 활동하는 커뮤니티 '뉴그라운드'에서는 매주 일요일 저녁 온라인 채널(Slack)에 모여 주간 회고를 한다. 각자 온라인 문서(Google Docs)에 회고를 하고 그 문서를 다른 멤버들에게 공유한다. 자기 회고를 마치면 남의 회고를 읽고 댓글을 남긴다. 이는 혼자 하는 회고와는 다른 차원의 감각을 느끼게 한다. 공식적으로 타인의 일상을 엿볼 수 있어서 재밌고, 내 일상을 들여다본 사람들이 남긴 메시지에서 공감과 응원과 위로 같은 감정을 나누며 연결감을 느낄 수 있어서 좋다.

월간 회고를 해서 인스타그램에 올릴 때도 타인과의 연결감을 느낀다. 몇 년째 '#김키미의월말결산'을 올리니까 월말~월초가 되면 회고 게시물을 기다리는 팔로워들이 생겼다. 처음에는 스스로 올리기로 결심했기 때문에 만들어진 나와의 암묵적인 계약이었는데, 언젠가부터는 팔로워들과의 약속으로 계약이 갱신된 것 같다.

다만 동료나 독자가 있다고 해서 무조건 좋은 것만은 아니다. 언제였을까. 회고를 '보여주려고' 하고 있다는 느낌이 든 적이 있다. 나를 위한 회고가 아니라 누군가에게 보여주기 위한 콘텐츠를 만들고 있는 것 같아서 한동안 회고를 즐기지 못했다. 회고를 공개하기 때문에 100퍼센트 솔직한 기록을 할 수 없다는 점이 가장 마음에 걸렸다. 나에게 일어

Date...

난 중요한 이벤트지만 '이런 얘기까지는 공개하고 싶지 않은데' 하는 내밀한 내용이거나 아직 외부에 공개하면 안 되는 진행 중인 일에 대해서는 쓸 수 없었다. 나의 일상을 낱낱이 공개한 회고를 내가 모르는 사람들이 즐겨 보고 있다는 사실이 문득 부담스럽게 느껴지기도 했다. 그래서 그만둘까 고민도 해봤다. 하지만 공개함으로써 따라오는 마감 효과를 포기하고 싶진 않았다. 그때 내가 택한 방법은 '모자이크'다. 쓰고 싶은 건 편안하게 다 쓰고, 공개하고 싶지 않은 내용은 모자이크로 가려서 올린 것이다. 원본 노트는 나만 볼 수 있으니까, 나를 위한 회고를 되찾고 다시 즐겁게 회고를 할 수 있게 됐다.

회고는 일회성 활동이 아니다. 만약 너무너무 바빠서 회고할 시간이 없다면, 수많은 할 일 목록에 '회고'라는 할 일을 추가하지 않길 바란다. 시간을 쪼개서 한두 번 하는 정도로는 자기 돌봄을 실천할 수도, 회고를 지속할 수도 없다. 오히려 회고를 하지 못했다는 죄책감만 늘어날 뿐이다. 꾸준히 회고를 하고 싶다면 우선 '하지 않을 일' 목록부터 만들어야 한다. 일상을 재편하는 거다. 회고를 시작하기 전에 기초적인 자기 돌봄의 여건을 갖추는 건, 회고를 꾸준히 하는 것만큼이나 중요한 작업이다.

    진정한 회고의 의미를 알고 나만의 회고 노하우를 갖추기까지 나는 여러 시도와 훈련을 거쳤다. 처음에는 기록광 친구의 회고 양식을 참고했고, 이렇게도 해보고 저렇게도 해보면서 점차 나만의 양식을 찾아갔다. 그래서 '#김키미의월말결산'을 좋게 보고 따라 해도 되느냐고 질문하는 분을 만나면 "물론이죠! 저도 친구 따라 시작한걸요"라고 답한다. 그러니까 이제부터 회고를 해보고 싶다면, 나의 방식을 마음껏 따라 해주면 좋겠다. 그렇게 시작해서 점점 자신만의 노하우를 찾는다면 더할 나위 없이 좋겠다. 회고는 어디까지나 자신을 위한 것임을 잊지 않으면서.

지금 할 수 있는 일,
주간 회고와 주간 칭찬일기를 써보세요.

● '일 회고'와 '일상 회고'를 나누어 주간 회고를 해보세요.
● 지난 한 주를 떠올리며 주간 칭찬일기를 써보세요.

Date...   Chapter... 02

일터에서 나를 칭찬하는 법

01 | 성취 지향 넘어 삶의 지향 찾기

칭찬일기의 시기별 변화 미리보기

일간 칭찬일기를 다시 쓰기 시작했다. 약 18개월 만의 복귀다. 처음 쓰던 1년은 매일 밤 꼬박꼬박 칭찬일기를 썼다. 그러자 굳이 매일 일기를 쓰지 않아도 셀프 칭찬이 습관화됐다. 자연스럽게 일간 리추얼을 멈추고, 주간 칭찬일기와 월간 칭찬일기를 더 즐겼다. 다시 일간 칭찬일기를 꺼낸 건 순전히 집필을 위해서였다. 책 기획을 가다듬고 집필 방향을 정하면서 예전에 일기 쓰던 감각을 되살려보기로 한 거다. 글쓰기에 도움 될 만한 요소를 뭐라도 발견하지 않을까 하는 기대감을 품고.

일간 칭찬일기가 나와의 약속으로서 시작한 거라면, 편집자와는 집필 약속을 했다. 격주에 한 번씩 서너 편의 원고를 공유하기로 했다. 성실한 저자가 되고 싶은데 마감이 없으면 원하는 바를 이루기 어렵다는 걸 알기에 내린 결정이었다. 그러나 얼마 안 가 후회했다. 첫 번째 원고를 전달하기로 한 날이 다가올수록, 누구도 강요한 적 없는 약속을 자의로 내뱉은 나를 질책했다. 편당 오천 자 이상 되는 글쓰기는 쉽지 않았다. 그걸 모르고 한 약속은 아니지만, 그래도 막상 해보니 진짜 쉽지 않았다. 평소에는 각오만으로 함부로 약속하는 사람이 아닌데, 글쓰기에 있어서는 왜 매번 '노력하면 해낼 것 같은 기분'에 사로잡히는 걸까. 그만큼 커다란 각오가 있어야 뛰어들 수 있는 일이기 때문일까. 어쨌든 여차저차 첫 약속은 지켰다. 예전에 써둔 예비 원고 덕분이었다.

약속한 원고 네 편을 완성해서 보냈다. 두 편은 완전히 처음부터 썼고, 두 편은 기존에 써둔 원고를 보강해서 완성했다. 좀 더 잘 써서 보내고 싶어 욕심났지만 참았다. '초고니까 이만하면 됐다'는 마음의 기준을 정하고 보내버렸다. 집필 마감일 약속은 늘 겁나는 일이다. 솔직히 자신 없었는데 '해야 한다'는 생각으로 약속하고 그걸 지키 거라 정말 뿌듯하다. 이대로라면 계속해볼 만하지 않을까? 오

Date...

늘만큼은 천재 작가가 된 기분으로 기쁘게 하루를 마무리해야지.

다행히도 약속을 지켜낸 날, 칭찬일기를 쓰면서 생경함을 느꼈다. 무언가를 성취했다는 내용의 칭찬이 너무나 오랜만이었기 때문이다. 나는 '목표 지향형 인간'이라고 스스로 말하고 다닐 만큼 성취욕이 강한 사람이었다. 그러므로 오랜 기간 성취 칭찬을 하지 않았다는 건 나에게 대단히 큰 변화였다. 다시 살펴봐도 확실히 최근 칭찬에는 뚜렷하게 목적하는 바를 드러내거나 무언가를 달성하는 행위에 대한 집착이 거의 보이지 않았다.

성취 칭찬이 정점에 달했던 시기는 칭찬일기를 막 쓰기 시작했을 때였다. 당시에 나는 지독히도 성취에 집착했다. 온라인 강의 영상을 제작하고, 종종 강연과 인터뷰를 하고, 친구들과 사이드 프로젝트를 했다. 그 모든 걸 회사에 다니면서 했으므로 회사에서는 또 다른 프로젝트를 이끌었다. 종일 일을 하니까 칭찬일기에도 온통 일 얘기뿐이었다.

강의에 쓸 스크립트 챕터 1까지 작성 완료! 총 34강 중에서 6강을 썼다. 6분의 1 정도 한 거니까 남은 6분의 5도 차근차근히 해나가

보자. 아자아자!

마무리는 쉬울 줄 알았는데 막판에 복병을 만났다. 10분도 안 쉬고 9시간을 내리 앉아서 강의 영상 제작에 몰두했다. 어떻게든 해내는 나를 칭찬한다, 정말.

강연을 잘 끝냈다. 중간에 말이 조금 빨라졌던 건 아쉽지만, 준비한 얘기를 모두 잘 전달했다. 질문도 많이 나왔고 '갓벽'했다며 팬이 됐다는 청중이 있어 기분 좋았다.

이번 주도 멀티플레잉 '쩔었다'. 예전에는 어려워 끙끙대던 일도 척하면 척! 한 번에 여러 일을 처리하는 것에도 능숙해졌다. 올해 성과 평가 결과도 흐뭇하고 내년에 할 일도 기대되고 모든 게 흡족하다.

칭찬일기에 적응하는 초기 3개월가량은 늘 회사 안팎에서의 업무 성취를 칭찬했다. '당신이 무엇을 먹는지 말해주면 당신이 어떤 사람인지 알려주겠다'는 말이 있다. 내가 무엇을 칭찬하는지 살펴보면 내가 어떤 사람인지 알 수 있다. 그때 나는 '일 잘하는 나'에게 도취되어 있는 사람이었다.

Date...

다행히 변화할 기회가 생겼다. 바쁘게 휘몰아치던 프로젝트들이 일단락되고 일상에 틈이 생기자 신기하게도 칭찬 소재가 조금씩 바뀌었다. 잘 쉬려는 마음가짐을 칭찬하거나 새로운 시도를 하는 나를 기특하게 여기는 칭찬이 보이기 시작한 것이다.

8시간 수면 성공! 그간 새벽 2시 넘어 잠들어도 아침이면 강박적으로 일찍 일어나 일을 시작하고 하루 종일 피곤해했었다. 오늘도 어김없이 아침에 눈이 떠졌지만 급한 일 없는 날이니까 좀 더 자도 괜찮다고 나를 다독였다. 그러니까 맘 편히 잘 수 있었다.

목요 채식 한 달째. 일주일에 하루만이라도 의식적으로 비건 생활을 하려고 시작한 건데, 하다보니 자연스럽게 매일 채식 지향 식사를 하게 된다. 환경을 위해서도, 고기 먹을 때마다 자주 탈 나는 장을 위해서도 좋은 변화라 반갑다.

이러한 칭찬으로 '일 잘하는 나'에서 벗어나 '나에게 다정한 나'라는 새로운 지향을 만들어가는 것 같아서 좋았다. 칭찬일기에서 일 얘기를 덜수록 어쩐지 일상이 단단해지는 느낌이 들었다. 이윽고 '남에게 다정한 나'의 모습을 발견하는 칭찬도 하나둘 늘었다. 가까운 사람들과 보내는 시간을 소중하게 여기는 것은 물론이고, 처음 만난 사람에게도 말 한마디로 기분 좋은 하루를 선물하는 내가 좋아졌다.

새 안경을 맞추면서 안경사 선생님의 프로페셔널한 태도에 반해 '살면서 안경 맞춰본 경험 중 최고였다'라고 말씀드렸다. 잘 모르는 이에게 칭찬하기가 어색했지만 하길 잘했다는 생각이 든다.

1년 동안 틈틈이 필름 카메라로 찍은 친구들의 사진을 스캔해 새해 인사와 함께 카톡으로 전송했다. 친구들이 기뻐해줘서 나도 기뻤다. 앞으로 매년 새해 리추얼로 삼고 싶다.

얼마의 시간이 흘렀을까. 내가 나를 칭찬하는 게 더는 어색하지 않고, 스스로 나의 구석구석을 칭찬해주는 경험이 쌓이자 일에 대한 칭찬 내용도 사뭇 달라졌다. 업무 성취보다는 태도를 칭찬하는 경향이 나타난 것이다.

아이데이션 회의를 하는데 분위기가 심각했다. 이래서야 어디 무서워서 아이디어를 말하겠나 싶어 가벼운 농담을 던졌다. 얼었던 분위기를 녹이고 말할 틈을 만든 내가 기특하다.

Date...

회사 프로젝트를 무사히 오픈했다. 일이 되게 만드는 사람이 되고 싶었는데 이제 확실히 그런 사람이 된 것 같아 뿌듯하다.

주말 동안 일 생각 하지 않은 거 칭찬해! 티끌만큼의 생각도 하지 않은 건 아니지만 예전에 비하면 제법 훌륭했다. 일에서 멀어질 때는 확실하게 멀어져야 가까울 때 지치지 않을 수 있다.

마무리하지 못한 일이 있었지만 의식적으로 일을 멈췄다. 내일 아침이 되면 호랑이 기운이 솟아나서 후딱 해치워버릴 테니 괜찮을 거라고 생각하면서. 적정선에서 멈추는 법을 익혀나가는 나를 칭찬한다.

고무적인 변화였다. 성취 칭찬은 일의 결과나 일 '잘'하는 내 모습에 주목한다. 반면 태도 칭찬은 일을 '하는' 과정에서 어떤 고민을 했고 어떻게 실천했는지를 주목한다. 이 점이 아주 흥미로웠다. 칭찬일기를 쓰면서 나는 오늘 당장 어떤 성과라도 내기 위해 무리하기보다는 건강하게 오래 지속하는 법을 익히는 게 진정한 의미의 성취라는 걸, 나도 모르는 새 깨닫고 있었다. 그 깨달음을 언어화하기까지는 그로부터 또 얼마간의 시간이 필요했다.

나처럼 인정 욕구가 강한 사람은 타인의 영향을 크게 받는다. '인정받다'는 피동이다. 즉, 인정은 타인이 내게 행해야 하는 것이므로 혼자 해결할 수 없는 욕구다. 그러니까 타인의 인정을 바랄수록 타인의 관점을 의식하게 된다.

타인을 만족시키려고 노력하다보면 타인의 칭찬에 연연하게 된다. 그러면 자연히 집에서는 말 잘 듣는 자식, 학교에서는 공부 잘하는 학생, 일터에서는 일 잘하는 근로자가 되려고 하는 사람이 많아진다. 사회적인 기대상이 투영된 칭찬으로 획일화된 역할 수행을 은근히 강요받는 까닭이다. (어른을 공경할 줄 아는) 착한 아이라는 칭찬, (성적과 학벌이 뒷받침되어) 똑똑하다는 칭찬, (사명감을 가지고 일하는데 센스까지 있어서) 프로페셔널하다는 칭찬이 그것이다. (돈을 잘 벌어) 능력 있다는 칭찬, (전형적인 미인상에 가까우므로) 예쁘다는 칭찬, (성 역할 고정관념에 따라) 여성스럽다 혹은 남성스럽다 등의 칭찬도 안전하게 다양성을 드러내기 어려운 사회적 분위기를 만든다.

문제는 그러한 칭찬이 인간을 학습시킨다는 것이다. 칭

Date...

찬의 학습 능력은 긍정적인 효과뿐 아니라 역효과에도 열려 있다. 내가 받지 못하는 예쁘다는 칭찬을 자주 받는 사람을 보면 내 외모와 비교하고 부러워하게 된다. 협업하기 힘들 정도로 이기적인 사람이 그저 실적 좋다는 이유로 일 잘한다는 칭찬을 받으면 역시 일터에서는 실적만 좋으면 그만이라고 생각하게 된다. 칭찬받을 수 있는 쪽으로 나를 움직이는 거다.

타인의 인정을 갈구하던 나는 뭐든 '잘'해야 인정받는 사회적 분위기 속에서 끊임없이 나를 증명했다. 쓸모 있는 능력을 갖추려고 애쓰고, 적재적소에 능력을 드러내고, 때로는 은근히 능력과 성과를 과시하고, 빠르게 변하는 세상에 맞춰 능력을 성장시키고, 나의 능력으로 성공한 거라고 믿었다. 성취, 성과, 성장, 성공은 나를 열심히 살게 하는 강력한 동기였다. 그 모든 건 나 스스로 원한 것이었다. 마땅히 원해야 하는 거라고 은연중에 요구받은 걸지도 모른다는 의심은, 추호도 하지 않았다.

칭찬일기는 그런 내 삶에 걸린 브레이크였다. 성취 칭찬으로 가득한 일기장에서 나는 이상함을 감지했다. 내가 나에게 하는 칭찬인데 어째서 남에게 받은 칭찬 같은 냄새가 풍기는 걸까? 나의 성취동기가 과연 온전한 나의 욕구일까? 의심의 씨앗은 발아해서 의식의 단초가 됐다. 자신의 인정이나 만족보다 타인의 평가에 의존해 살면, 타인의 욕구를 나의 욕구라고 착각하기 쉽다. 칭찬일기를 쓰면서 나는 진짜 나의 욕구가 무엇인지 알고 자기 인정에 익숙해지기 위해 훈련했다. 타인의 평가에 의연해지려고 무던히 애쓴 시간이었다.

결과는 어땠을까? 나는 셀프 칭찬에 익숙해져서 완전히 새로운 사람이 되었을까? 놀랍게도 답은 '아니오'다. 사람은 그렇게 쉽게 변하지 않는다. 나는 평생을 해온 관성에 이끌려 번번이 무리를 하고 말았다. 발등에 불 떨어지면 불 끄기에 급급해지고 마는 게 일꾼의 숙명 아닌가. 최근 집필 약속을 지키기 위해 무리했던 마감 일꾼도 그랬다. 하루 10시간 가까이 앉아서 글을 썼고, 그로 인해 요통과 두통이 재발했다. 약속은 지켰으나 몸을 망가뜨려 얻은 반쪽짜리 성취였다. 거기서 끝이 아니었다. 일 '잘'하는 내 모습을 칭찬하며 문제를 슬쩍 외면하기까지 했다. 통탄할 노릇이었다.

그래도 다행히 칭찬일기를 쓴 뒤에 문제를 자각하고

Date...

곰곰이 생각해봤다. 툭하면 무리하게 일하는 습관을 어떻게 고쳐야 할까? 바로 실천해볼 수 있는 게 있었다. 마감 습관부터 고치기. 매번 발등에 떨어진 불 끄는 식으로 일하지 않기.

몇 가지 규칙을 정했다. 가급적이면 하루 4시간 이내로만 쓰기. 대신 주 5일 동안 꾸준히 쓰기. 50분 집필 후 10분 휴식하며 스트레칭하는 것도 잊지 않기. 몸이 망가지지 않으려면 며칠 안에 몰아서 일하는 게 아니라 수일 동안 나눠서 꾸준히 일하는 방식이 적합하다.

편집자에게도 연락해 양해를 구했다. 격주에 한 번씩 원고를 공유하는 규칙은 유지하되, 한 번에 서너 편이 아닌 두세 편으로 원고 수를 줄였다. 이에 따라 조정 가능한 선에서 최종 마감 일정도 좀 더 여유 있게 늘렸다. 상호 신뢰하고 배려하는 소통 덕분에 가능한 방식이었다.

그동안 나는 일을 잘하는 게 성취인 줄 알았다. 그런데 정작 진정으로 일을 '잘'한다는 게 무엇인지 깊이 고민해본 적이 없었다. 그러니까 자꾸만 '무리되더라도 해내는 나'를 칭찬했던 거다. 매번 너무 높은 기준을 세워두고 거기에 맞취 무리하게 사는 습관이 일과 일상에 배어 있었다. 하지만 더는 그렇게 살 수 없다.

 일을 잘한다는 게 뭘까. 작가로서 일을 잘하려면 어떤 성취를 추구해야 할까. '책을 빨리 내는 것'은 진정한 바람이 아니다. 나는 조금 느리더라도 부끄럽지 않은 책을 쓰고 싶다. 두 번째 책이 마지막 책이 되지 않도록, 건강하게 오래 쓰고 싶다. 그러려면 팔리는 책을 써야 한다는 현실을 모르는 바 아니지만, 좋은 글을 쓰고 싶다는 욕심 또한 영원히 버리기 어렵겠지만, 1순위 지향이 무엇이어야 하는지 이제는 잘 안다. 중요한 건 단기적인 성과나 도달하고 싶은 숫자가 아니라 장기적인 방향이라는 걸.

 이제라도 알아서 참 다행이다. 성취 지향이라는 두꺼운 벽을 넘어 삶의 지향을 찾은 나를 칭찬한다. 만약 살다가 한 번씩 또 무리하게 되더라도 오늘의 칭찬을 기억하고 무사히 제자리로 돌아올 나를 믿는다.

Date...

___

지금 할 수 있는 일,

==업무 성취가 아닌 태도를 칭찬해보세요.==

___

🟡 일을 하는 과정에서 했던 고민과 실천을 칭찬해보세요.
🟡 '일 잘한다'에 대한 자기만의 정의를 내려보세요.

02 | 경고! 번아웃 이상 신호

칭찬일기를 알아차림 도구로 쓰기

전 직장에서 회의가 끝나고 팀장에게 메시지를 받은 적이 있다.

"키미, 시니어 기획자가 회의에서 '이건 왜 하는 거죠?' 같은 발언을 하는 건 위험해요. 일하는 이유를 만들고 멤버들을 이끄는 역할을 해야 하는데, 그런 발언은 오히려 분위기를 다운시킬 수 있어요. 본인이 공감하기 어려운 일이라면 대안을 제시하면서 소통하는 게 좋은 방법입니다."

'아차' 싶었다. 회의 시간이 짜증 나던 참이었다. 일할 시간도 부족한데 회의가 지나치게 많고, 길고, 비효율적이

Date...

라고 생각했다. 그즈음 회의 때마다 그랬다. 가슴에 돌덩이를 올린 듯 답답하고, 평소 아무렇지 않게 넘어가던 일에도 신경이 곤두섰다. 한 번씩 '탁' 퓨즈가 끊기는 느낌이었다.

눈치 빠른 팀장이 이상 신호를 감지하고 면담을 요청했다. 최근 내 행동이 평소 같지 않다며 무슨 일이 있냐고 물었다. 그 순간 나에게 번아웃이 왔음을 알아챘다. 나는 솔직하게 상태를 알렸고 "지쳤나보네"라고 그가 말했다. 불쑥 눈물이 나오려는 걸 꾹 참았다.

현대사회에서 번아웃을 겪지 않은 노동자가 있을까? 경미한 증세라도 한 번쯤은 번아웃으로 고민을 치른다. 아직 본인이 겪지 않았더라도 주변에서 겪는 걸 봤을 가능성이 높다.

번아웃이라는 개념을 처음 알게 된 건 과거 직장 동료를 통해서였다. 그는 자다가 갑자기 원인을 알 수 없는 호흡곤란을 겪었다. 새벽에 응급실로 실려 가 이런저런 검사를 다 해봤지만 몸에는 이상이 없었고 의사 입에서 '번아웃'이라는 단어가 나왔다고, 이제 괜찮아졌다고, 2주간 병가를 내고 돌아온 그가 말했다. 평생 병원 갈 일이라고는 없을 것처럼 건강했던 그는 그새 핼쑥해진 얼굴로 씁쓸하게 웃었다.

 이러다 누구 하나 골로 갈 것 같은 이상한 일터였다. 야근은 물론이고 주말에도 철야를 밥 먹듯이 했으니까. 업무 환경은 그대로인데 그는 이제 괜찮아졌다며 다시 근무를 시작했다. 그러나 자주 자리를 비웠다. 모니터를 보다가, 키보드를 치다가, 마우스를 잡다가 숨이 가빠지려고 할 때마다 건물 밖으로 나가 숨을 몰아쉬어야 했다. 얼마 안 가 그는 퇴사를 택했다. 살기 위해 내린 결정이었다. 몇 개월 뒤 다시 만난 그는 본래의 밝은 모습을 되찾았다. 다행이라는 생각이 드는 한편, 일터에 남아 병들어가는 나와 동료들을 걱정하지 않을 수 없었다.

 그때는 자주 화가 났다. 꼴 보기 싫은 사람도 많았다. 잠 잘 시간이 부족해도 일을 마치면 동료들과 함께 술집으로 향했다. 맵고 짜고 자극적인 음식으로 나를 학대하고 취하도록 마셨다. "이게 내 한숨"이라고 자조하며 담배 연기를 내뿜었다. 주말에도 쉬지 못하고 출근할 때, 며칠 밤을 새우고도 더 일을 해야 해서 씻기라도 하려고 집에 갈 때, 나는 교통사고 당하는 상상을 자주 했다. 다치면 일하지 않아

Date...

도 되니까. 철야하면서 만든 보고서를 모조리 수정해야 하는 상황에서 모욕적인 질타를 받았을 때, 나는 옥상에 올라가 뛰어내리는 상상을 했다. 5층 건물이라 떨어져도 죽지는 않을 것 같았지만. 그곳에서 탈출한 뒤에도 몇 년 동안 같은 꿈을 꿨다. 분노에 차서 주먹을 휘두르려는데 몸이 움직이지 않아 서러워 우는 꿈이었다.

그래서 나는 번아웃이라면 더는 조금도 당하고 싶지 않았다. 며칠 휴식을 취하며 계속 걸었다. 걸으면서 생각했다. 나를 지치게 한 원인이 뭘까. 어떻게 해결해야 할까. 문제는 두 가지였다.

첫째, 지나친 업무량과 강도. 그즈음 나는 리더들이 크게 기대하는 프로젝트를 이끌고 있었다. 나만 할 수 있는 쉽지 않은 일을 하고 있다는 자아도취와 사명감이 큰 동기부여가 되었지만, 솔직히 한 사람이 감당하기에는 버거운 일이었다.

둘째, 업무 자율성의 상실. 중간 관리자 역할을 맡은 뒤 통제권이 급격히 제한되었다. 실무자로 일할 때는 할 일이 정해진 과제 안에서 자율성을 발휘할 수 있었던 반면, 팀 과제를 정해야 하는 관리자는 그럴 수 없었다. 전략 기획과 아이디어 회의를 통해 도출한 과제를 제안하고 거절당하기를 반복하다가 극적으로 하나가 성사되어도 넘어야 할 산이 수두룩하게 남아 있었다. 쉽게 말해 마음대로 할 수 있는 일이 아무것도 없었다.

그나마 다행인 건 원인 모를 통증은 아니라는 점이었다. 발원지를 파악하고 대처법을 궁리했다. 내가 당장 어찌할 수 있는 일이 없었다. 나는 가장 쉬운 해결법을 택했다. '포기'였다. 내가 애쓴다고 해결될 일이 아니라면 기운 빼기 전에 포기하고 받아들이는 게 이롭다고 생각했다. 프로젝트는 언젠가 끝날 테니 조금만 참자. 업무에서 자율성을 펼칠 수 없다면 업무 외적으로 재밌는 일을 도모하자. 그렇게 마음먹고 나니까 답답함이 한결 나아졌고, 업무에 복귀해 차근차근 번아웃을 극복해나갔다.

우선 팀장과 상의해 업무 우선순위를 조정했다. 미룰 수 있는 건 미루고 다른 사람에게 나눌 수 있는 일은 나눴다. 그리고 쉬운 일부터 처리했다. 혹시나 또 일하면서 냉소적인 태도가 튀어나올지 모르니 동료들에게 내 상태를 알렸다. 당분간은 업무 속도가 늦을 수 있다고 양해를 구했다. 다소 늦을지언정 일에서 도망치는 선택은 하지 않는 것이 나의 최선이었다.

에너지가 많이 드는 굵직한 일에 손댔다가는 더 일하기 싫어질 것 같았다. 할 일 목록을 나열하고 제일 쉬운 일부터 하나씩 골라서 했다. 작은 성취부터 도장 깨기 하며 자신감을 회복한 나를 칭찬한다.

주간 회의 시간에 동료들에게 번아웃을 고백했다. 말하기 전에는 괜한 얘기를 하는 건 아닐까 망설였지만, 의지해야 할 때는 의지할 줄도 알아야 하는 법이니까 용기 내서 말했다. 이해해주고 응원해주는 동료들이 있어 고마웠다.

도망가지 않고 내 할 일을 한 것만으로도 장한 하루였다. 내일은 금요일이니까 하루만 더 힘내자. 힘 나지 않으면 할 수 있는 데까지만 하자. 주말에 푹 쉬고 나서 월요일부터 다시 집중하는 게 더 효율적일지도 모른다.

그때 나는 나를 자랑스러워했다. 나처럼 슬기롭게 번아웃을 극복한 사람이 있으면 나와보라고 하고 싶었다. 팀장과 동료들이 내 문제에 공감하고 같이 해결하려고 애써주는 게 고마웠다. 하지만 세월이 흐르면서 깨달았다. 번아웃은 결코 개인이 분투하며 극복해야 할 문제가 아니라는 걸. 노동자는 마땅히 조직의 보호를 받아야 한다는 걸.

●

번아웃은 일의 이상과 현실의 간극이 벌어질 때 발생한다. '업무량'이 지나치게 많을 때, 자신의 업무를 '통제'할 수 있는 권한이 없을 때, 업무와 성과에 대한 적절한 '보상'이 이뤄지지 않을 때, '공동체'에 소속감을 느낄 수 없거나 관계 문제가 있을 때, '공정'하게 평가받지 못하는 상황에 놓였을 때, '가치'를 느낄 수 없는 일을 지속해야 할 때 노동자는 번아웃을 경험한다. 전문가들이 밝혀낸 여섯 가지 번아웃 유발 요인은 모두 조직 차원의 문제다.

그럼에도 누군가는 자발적으로 많은 업무를 소화하다가 번아웃에 빠지는 사람도 있지 않느냐고 의문을 제기할지도 모르겠다. 그러면 《시간을 잃어버린 사람들》의 구절을 빌려 이렇게 반문하고 싶다.

초과근무가 승진을 앞당길 수 있다면, 긴 시간 일하는 건 자발적

Date...

인 일일까?

    일을 많이 하는 행위가 능력으로 평가되고 늦은 시간까지 일하는 것이 조직의 암묵적 규율이라면, 많은 업무량과 높은 업무 강도는 개인의 선택일 수 없다. 자신의 잘못으로 번아웃을 겪는 노동자를 나는 본 적이 없다. 그런데 번아웃 문제는 공공연히 개인화된다. 번아웃이 노동 훈장 이미지로 포장된 탓이다. 누군가 번아웃을 호소하면 사람들은 '프로페셔널하게' 일하다가 지친 거라고 생각한다. 팀장이 나에게 "지쳤나보네"라고 말한 것도, 그 말을 듣고 울컥했던 것도 그런 이유였다. 그 말에 '번아웃이 올 만큼 열심히 일한 노동자'에 대한 은근한 칭찬과 격려가 담겨 있었기 때문이다.

    열심히 일하면 지칠 수 있다. 하지만 그게 반드시 번아웃이라고 할 순 없다. 번아웃 증상은 이상주의자에게서 더 많이 발견된다는 연구 결과가 있다. 여기서 말하는 '이상'이란 그리 대단한 것이 아니다. 어려운 상황에서도 자신을 다독이며 일 잘하는 사람으로 성장하길 바랐던 신입 사원이 각오했던 것보다 더 가혹한 업무 환경에서 일할 때, 열심히 일해도 인정받기는커녕 부정적인 피드백만 받을 때, 잘해내고 싶은 역할을 맡았지만 권한은 주어지지 않을 때 등등. 기대하는 이상에 닿지 못하는 현실이 번아웃을 유발하는 것이다. 여기서 문제 원인은 '이상'이 아니다. 열심히 일하고자 하는 이상을 이행하지 못하게 가로막는 '현실'이다.

그 현실은 대개 일터에서 벌어지는 문제들이다. 그러나 번아웃이라는 결과는 개인에게서 나타나기 때문에 너무 쉽게 개인에게 책임이 전가된다. 그래서 나는 '번아웃'이라는 말 자체가 일터에서 일어나는 많은 문제를 가린다고 생각한다. 따라서 번아웃을 해결하려면 궁극적으로 일터와 관리자들이 바뀌어야 한다. 그렇다면 개인 차원에서는 무엇을 해야 할까?

첫째, 번아웃을 감지했을 때 '나'로 향하는 시선을 밖으로 돌리기. '내가 왜 이런 상태가 되었나'에 초점을 두면 현실을 직시하기 어렵다. '내가 기대했던 업무(이상)'와 '실제 내가 하고 있는 업무(현실)'가 어떻게 다른지, 왜 다른지에 주목해야 한다. '다들 이렇게 사는데 내가 너무 나약한가' 같은 생각도 금물이다. 아무리 좋은 일터에서 일해도, 남들

Date...

이 부러워하는 직업을 가졌어도, 대단히 많은 돈을 번다 해도 번아웃은 올 수 있다.

둘째, 상황이 나빠지기 전에 알아차리고 방어하기. 번아웃 대표 증상에 해당하는 세 가지 징조가 있다. 정신적·신체적으로 피로하고 지친 상태로 무기력을 느끼는 '소진'. 짜증이 많아지고 부정적이거나 공격적인 태도를 보이는 '냉소주의'. 성취감이 낮아지고 생산성이 저하되는 '비효율'. 이러한 증상이 나타나면 칭찬일기에도 징조가 드러난다. 나에게 나타났던 징조는 냉소주의였다.

일하다가 갑자기 예민해지는 순간이 자주 찾아온다. 평소에는 동요치 않던 일들이라 이상하다. 금연 후 금단현상인가 싶긴 한데, 이참에 내가 어떤 상황을 스트레스로 받아들이는지 살펴봐야겠다.

오늘은 일하다가 스트레스 신호를 자각하고 방에 가서 가만히 싱잉볼을 울렸다. 다행히 답답함이 금세 가라앉았다. 스트레스에 짓눌리지 않고 현명하게 대처한 나를 칭찬한다.

그동안 칭찬일기를 부지런히 썼다면 좀 더 신속하게 자신의 상태를 알아차릴 수 있을 거다. 나의 경우 한 달에 한 번씩 칭찬일기에 자주 쓴 단어나 표현이 무엇인지 회고하는 습관이 도움이 됐다. '예민', '답답', '스트레스' 같은 표현이 급격히 자주 나타나는 걸 보고 평소 같지 않음을 감지할 수 있었다. 소진, 냉소주의, 비효율 징조가 나타나면 '좀 쉬고 나면 괜찮아지겠지'라고 넘기지 말고 좀 더 예민하게 상태를 살피는 게 좋다. 만일 쉬고 돌아왔는데도 괜찮아지지 않는다면, 한층 적극적인 원인 파악과 해결 대책이 필요하다.

번아웃은 '상태'가 아니다. 아직 번아웃이 아닌 상태에서 번아웃인 상태로 넘어가는 게 아니라는 말이다. 노동자가 겪는 극도의 스트레스에 대개 번아웃이라는 이름이 붙는다. 번아웃이 만연해서 번아웃에 대한 정의도 제각각이다. 만성적인 피로감도 번아웃 증상일 수 있고, 자신을 다치게 하는 생각을 할 정도로 위태로운 상황도 번아웃일 수 있다. 그러니까 혹시라도 '이 정도 가지고 무슨 번아웃이야' 하고 가볍게 넘기지 말자. 그럴수록 냉정하게 자신을 살펴야 한다는 신호다.

Date...

 마지막으로, 혹시 내가 번아웃 유발자는 아닌지 돌아보기. 번아웃이 일터에서 흔히 발생하는 문화적 현상이 되었다는 건, 그만큼 지칠 정도로 너무 열심히 일하는 노동자가 많다는 뜻이기도 하다. 일터가 건강해져야 일하는 사람들도 건강해질 수 있다. 혹시 내가 '지칠 정도로 너무 열심히 일하기'를 은연중에 강요하는 관리자는 아닌지, 어떤 식으로든 번아웃 유발 요인에 직간접적으로 동참하고 있지는 않는지, 스스로 행동을 냉정하게 돌아보고 개선하는 사람이 많아질수록 일터는 건강해질 것이다.

 그렇다면 적어도 "너무 열심히 일해서 지친 거야"라는 말이 칭찬과 격려로 오용되지는 않을 것이다.

지금 할 수 있는 일,
번아웃 자가 진단을 해보세요.

- 최근 칭찬일기에서 번아웃 징조가 엿보이는지 살펴보세요.
- 번아웃을 감지했다면 이상과 현실의 차이에 주목해 문제 원인을 찾아보세요.

03 | 일로 만난 사이에도 칭찬이 필요해

일터에서 칭찬 주고받는 법

'30일 인터뷰'라는 사내 사이드 프로젝트에 참여한 적이 있다. 참여자들에게는 30일 동안 매일 인터뷰 미션이 주어졌다. '인터뷰하고 싶은 대상'과 '인터뷰 질문 한 가지'를 제시받으면 각자 짧은 인터뷰를 한 뒤 내용을 공유하는 프로젝트였다. 인터뷰라는 구실로 평소 친해지고 싶었던 사람과 자연스럽게 대화 나누는 계기가 만들어지는 게 좋았다. 칭찬을 주제로 인터뷰한 날도 그랬다. 그날의 미션은 '내가 아직 칭찬을 못 해준 사람'에게 "당신이 제일 듣고 싶은 칭찬은 무엇인가요?"라는 질문을 하는 거였다.

미션을 받자마자 동료 D의 얼굴이 떠올랐다. 나에게 D의 첫인상은 회의실에서 크게 각인되었다. 십여 명의 동료들이 긴 테이블에 앉아서 하는 회의였다. 처음에는 서로 마주 보면서 대화를 나눴는데, 아무래도 같이 화면을 보면서 대화하는 게 좋겠다며 회의 중간에 프레젠테이션을 띄웠다. 테이블 방향으로 앉았던 사람들이 일제히 테이블 한쪽 끝에 있는 화면을 향해 몸을 돌려야 했다. 나도 화면을 향해 몸을 90도 돌렸으나 화면은 보이지 않았다. 화면으로부터 제일 먼 자리에 앉은 터라 여러 뒤통수에 시야가 가로막힌 것이다. 그때였다. 화면 가까이 앉은 D가 뒤를 슬쩍 돌아보더니 테이블에 올리고 있던 팔꿈치를 떼고 벽 쪽으로 의자를 쓱 빼는 게 아닌가. 그러자 뒤에 있던 사람들도 그 모습을 보고 조금씩 의자를 움직였다. 일자였던 의자 대열이 사선으로 바뀌었고, 모든 사람의 시야가 확보됐다. 회의는 아주 편안하고 순조롭게 진행됐다.

하나를 보면 열을 안다고 하지 않나. 팀에 합류한 지 얼마 되지 않아 모르는 게 많았던 나에게 D의 행동은 강렬한 '하나'였다. 다른 건 몰라도 사려 깊은 동료들을 만난 건 확실했다. 그거면 되었다. 일을 잘하기 위해 반드시 배워야 하는 하드 스킬도 중요하지만, 진짜 일 잘하는 사람에게서 엿보이는 소프트 스킬은 같이 일하는 동료들을 배려하는 마음으로부터 우러난다. 그래서 나는 그 팀에서 일하는 동안 유능한 동료들 곁에서 덩달아 성장하는 환경을 복으로 받아들였다. '동료가 복지'라는 말을 실감하면서 말이다.

인터뷰를 핑계로 '요즘 회사에서 칭찬 들을 일이 없다'는 D에게 그때 일을 말하며 늦은 칭찬을 건넸다. 정작 본인은 그런 행동을 했었다는 걸 전혀 기억하지 못했다.

같은 시각, '30일 인터뷰'의 다른 참여자는 나와 정반대 방향의 인터뷰를 했다. 인터뷰를 핑계로 칭찬해주고 싶은 대상에게 "혹시 요즘 듣고 싶은 칭찬 있어?"라고 물었는데, 예상외의 답이 돌아온 거다.

"음…… 칭찬이라고 하면 남이 나를 평가했을 때의 결과인 거잖아. 고등학교 때까지는 늘 부모님이나 선생님에게 인정받으려고 노력했던 거 같은데 대학교 들어가고 나서는 생각이 바뀐 것 같아. '교수 당신이 뭔데 나를 평가하냐' 하는 식으로. 회사에서도 '당신들이 뭔데 나를 평가하냐'라는 생각이 있고. 남의 평가에 크게 신경 쓰지 않는 마인드랄까."

그래서 결국 칭찬을 해주지 못했다는 말을 듣고 머리가 '댕' 울렸다. 듣고 보니 너무 일리 있는 말이라 당황스러웠다.

Date...

그 전까지는 칭찬을 평가라는 관점에서 생각해본 적이 없었기 때문에 복잡한 감정이 밀려왔다. 칭찬에 대해 고찰하게 된 건 그날부터였다.

일컬을 칭(稱), 기릴 찬(讚). 칭찬이라는 말이 가진 밝고 긍정적인 느낌 탓에 우리는 쉽게 이면을 놓친다. 칭찬 속에 숨어 있는 '평가'의 냉정한 면이다. "좋은 점이나 착하고 훌륭한 일을 높이 평가함. 또는 그런 말"이라는 사전적 정의 그대로, 누군가를 칭찬한다는 건 그 사람에 대한 평가가 선행되지 않고는 할 수 없는 행위다. 좋은 평가도 어쨌든 평가이기 때문에, 어떤 이들은 칭찬을 그다지 좋아하지 않는다. 여러 이유가 있을 거다. 누가 누구를 평가하는 행위에 대한 거부감이기도 하고, 누군가의 평가에 연연하는 상황에 대한 피로감이기도 할 것이다.

모든 이가 나처럼 칭찬받는 걸 좋아하는 게 아니라는 사실을 깨닫고 나는 한동안 혼란스러웠다. 내가 칭찬을 받고 순수하게 기뻤던 기억이 많다고 해서, 다른 사람에게 칭찬을 건넸을 때 상대가 무조건 기뻐할 거라고 생각해서는 안 되는 것이었다. 내가 평가받는 상황을 별생각 없이 받아들인다고 해서, 다른 이들도 나와 같을 리는 없었다.

꼬리에 꼬리를 무는 생각 끝에 덜컥 겁이 났다. 내 칭찬을 듣고 누군가가 속으로 '네가 뭔데 나를 평가해'라면서 기분 나빠 했으면 어쩌지? 혹시 그런 사람이 있다면 사과하고 싶었다. 하지만 그런 일이 있었는지, 그게 누구인지 전혀 알 수 없었으므로 나는 입 밖으로 나오려던 칭찬을 애써 삼키는 일이 많아졌다. 특히 회사에서는 칭찬하기가 더 어려웠다. 지나가는 말로 건넨 가벼운 칭찬조차 상황에 따라서는 진지한 평가처럼 여겨질 가능성이 높으니까. 회사라는 곳은 어쩔 수 없는 이익 추구 집단이고, 동료들은 일하려고 모인 사이니까. 서로를 평가하는 시스템에 종속된 관계에서 괜한 낭만을 기대하지 말자는 생각도 해봤다. 하지만 답답했다. 칭찬에 대한 생각을 하면 할수록 칭찬이 그리워졌다.

그러다 어느 날은 '평가 좀 하면 어때!' 하며 발끈하는 마음이 들었다. '나 좀 평가해줘라!'라고 외치고 싶기도 했다. 칭찬을 하는 것도 받는 것도 좋아하는 내가 일부러 칭찬을 외면하는 상황이 부자연스럽게 느껴졌다. 내 말을 다른 사람이 어떻게 받아들일지 깊이 고려한 나머지 아무 말도 하지 못하는 기분이 들었다. 그런 관계가 과연 건강하게 지속될 수 있을까? 메마른 관계 사이에 가습기라도 하나 가져

다뇌야 하는 거 아닐까?

　성능 좋은 가습기를 들인다는 마음으로, 나처럼 칭찬 갈증을 느끼는 사람이 몇 명쯤은 더 있을 거라는 생각으로, 용기를 냈다. 동료들과 하는 칭찬일기 모임을 만든 것이다. "주 5일, 하루 8시간 이상 소통하며 지내는 동료들과 정답게 칭찬 주고받으며 일하고 싶다면? 같이 칭찬일기를 써봐요!" 하고.

　칭찬일기 모임에 제시한 규칙은 단 하나였다. '주간 칭찬일기'. 주 1회, 금요일(매주 마지막 근무일)마다 한 주간의 셀프 칭찬일기를 쓰는 거다. 일기를 일처럼 여기지 않도록 느슨하게 운영하는 편이 나을 것 같았다. 일기는 참여자들만 접근할 수 있는 게시판에 올리고, 참여자는 서로의 일기를 읽고 댓글로 응원과 격려의 마음을 표현한다. 약속한 기간 동안만이라도 마음껏 칭찬을 남발해보자는 취지였다.

　대여섯 명만 모여도 좋겠다고 생각한 모임에 열두 명의 동료가 참여 의사를 밝혔다. 모두 서로 다른 듯하면서도 비

숱한 이유로 칭찬일기를 쓰기 시작했다. 부서 이동 후에 떨어진 자신감을 회복하고 싶어서, 입사한 지 얼마 안 되어 자주 자기 의심에 빠지는 스스로를 지키고 싶어서, 장기 프로젝트로 지친 심신을 달래는 법을 알고 싶어서, 각박한 직장 생활 속에서 소속감을 충전하려고, 새로운 동료들과 가까워질 좋은 기회인 것 같아서 등.

열두 명 중 절반 이상이 '사이버 동료'였다. 팬데믹으로 인한 오랜 재택근무로 동료들과 화상으로만 만나는 시기에 생긴 신규 조직이었기 때문이다. 하지만 그런 건 아무런 문제가 되지 않았다. 칭찬일기를 통해서 우리는 빠르게 서로에 대해서 많은 걸 알게 되었다. '주간 칭찬일기'를 시작한 지 한 주 만에 동료 C가 텃밭 농사를 짓는다는 것, 동료 S가 주말마다 가족들과 캠핑을 즐긴다는 것, 동료 J에게 귀여운 조카가 생겼다는 것, 동료 M이 사랑스러운 반려견과 산다는 것을 알았다. 남편을 지칭할 때 동료 E는 '오라방'이라고, 동료 A는 '집사람'이라고 부른다는 사실도 알게 되었다. 신기했다. 같이 점심 먹는 동료끼리나 알 법한 사적인 영역을 밥 한 끼 겸상하지 않고도 속속들이 알아간다는 것이.

자기소개하듯 사생활 일부를 공개한 동료들의 일기는

Date...

___

점차 솔직해졌다. 일기가 솔직할수록 댓글 온도가 높아졌다. 업무 스트레스가 많아 연차를 내고 휴식을 즐겼다는 C의 일기를 읽고 동료들은 자신이 힘들 때 기대는 명상 음악을 알려줬다. 내향인 기획자 M은 개발자들과의 티타임 자리가 어색해서 도망치고 싶었다는 일화를 털어놓았다. 일기와 댓글을 보며 사회적 가면을 쓰고 때로는 '아무 말 대잔치'를 벌이는 게 나뿐이 아니구나 싶어 위로받을 수 있었다. 모르는 게 너무 많은 게 고민이던 주니어 기획자 N은 눈 딱 감고 뭐든 물어보는 길을 택한 자신을 칭찬했다. 열정적인 후배 동료의 일기에는 '지금은 질문 무제한 특권 기간'이라며 마음껏 더 물어봐도 좋다는 다정한 댓글이 달렸다. 또 다른 주니어 기획자 B는 조직 워크숍 때 "회사에서 아닌 건 아니라고 말할 용기가 필요하다"라는 의견을 남긴 익명의 동료로부터 용기를 얻어 업무 중에 '아니오'를 외쳤다며 칭찬 일기로 떨리는 마음을 토닥였다. 그 '익명의 동료'였던 나는 흐뭇한 마음으로 박수 이모지를 남겼다.

늘 희망적인 일기만 올라오는 건 아니었다. "아무리 생각해도 칭찬할 게 없다"라는 문장으로 시작하는 일기는 가슴을 쿵 내려앉게 했다. 시니어 기획자 E는 어려운 프로젝트를 맡은 뒤로 매일 같은 꿈을 꾼다고 했다. 누군가를 이해시키려고 계속 설명하고 또 설명하는데 목소리가 나오지 않는 꿈이었다. 그의 꿈이 꼭 나의 것 같아서, 눈을 뜨고 한참을 울었다는 그의 아침이 꼭 나의 시간 같아서 가슴이 먹먹했다. 그래도 혼자서만 끙끙 앓지 않고 자신의 이야기를 꺼내준 게 고마웠다. 손 내밀면 도와줄 사람이 얼마든지 있다는 걸 머리로는 알아도 순간의 용기를 내는 게 참 쉽지 않은데, 칭찬일기가 그에게 용기 낼 용기를 준 것 같아 다행이었다. 일주일 후 그는 "안개 낀 것처럼 뿌옇던 마음이 조금씩 개었다"라는 문장으로 일기를 시작했다. 내 마음의 날씨도 덩달아 맑아졌다.

앞서 나에게 '동료 복지'를 알려준 D도 참여했다. 그사이 다른 조직으로 이동했다가 다시 돌아온 그는, 우리 조직의 일을 빠삭하게 꿰고 있는 데다 언제나 완벽한 일 처리를 보여주는 슈퍼 기획자로 통했다. 그런 그도 칭찬일기를 통해 부서 이동 후 적응의 시간이 필요했음을 털어놓았다. 담담하게 쓴 일기 속 '눈치 보는 시기'라는 표현에서 마음이 덜컹였다. 나처럼 그의 일기를 인상 깊게 봤다는 동료 A가

Date...

말했다. "저도 겉으로는 항상 의연한 척하는데, 누구나 그렇듯 내면에는 취약한 부분이 있잖아요. 그래서 공감이 갔고 괜히 연대 의식이 생겼어요. 저 혼자만의 내적 친분이지만요." 항상 자신감 있어 보였던 A도 의연한 '척'을 한다니. 나도 괜히 연대 의식이 생겼다. 그게 나 혼자만의 내적 친분일지라도.

 칭찬일기 모임은 나름의 실험이었다. 일하려고 모인 이익 추구 집단에서 칭찬이 진실로 긍정적인 역할을 할 수 있을지. 칭찬이라는 건 '평가의 결과'이므로 순수한 목적이란 있을 수 없고, 그에 따라 결과도 순수하기 어려운 건지. 자발적으로 모인 열두 명의 동료가 가설을 검증하기 적합한 실험자였는지는 모르겠지만, 분명한 성과는 있었다. 금요일 퇴근길은 칭찬일기를 씀으로써 가뿐해졌고, 월요일 출근길은 동료들이 남긴 칭찬 댓글을 읽는 재미로 즐거워졌다. 칭찬일기가 아니었으면 혼자 간직할 뻔했던 자랑거리나 고민거리도 자연스럽게 공유했다. 기쁨은 나누면 배가 되고 슬픔은 나누면 반이 됐다. 동료들의 기쁨과 슬픔에 동참하는 즐거움을 알게 됐다.

몇 달간의 모임을 마치고 회고하는 날, 동료들에게 문장 하나를 공유했다.

> 일기는 너무나도 인간적이고 선한 면을 가지고 있어서 누군가의 일기를 읽으면 그 사람을 완전히 미워하는 것이 불가능해진다.
> – 문보영,《일기시대》

200퍼센트 공감한다는 답이 돌아왔다. "그래서 말인데, 나한테 일기 좀 보여줬으면 하는 사람이 몇 있다", "인간은 안 미워도 일은 미워할 수 있다"라는 말도 이어졌다. 모두 다 맞는 말이라며 다 같이 깔깔 웃었다. 긴장감 없는 순수한 웃음이었다.

지금 할 수 있는 일,

동료들과 칭찬을 주고받아보세요.

- 동료에게 듣고 싶은 칭찬이 무엇인지 물어보고 직접 칭찬해주세요.
- 동료들과 '주간 칭찬일기' 모임을 만들고 운영해보세요.

04 | 일과 나 사이에 거리 두기

자기주도적으로 커리어 회고하는 법

2024년 4월 4일은 전 직장 마지막 출근일이었다. 한 회사에서만 9년, 직장인으로서 18년간의 커리어에 마침표를 찍던 그날 나는 대회의실 연단에 섰다. 동료들 앞에서 '키미의 경험 공유회' 발표를 하기 위해서였다.

키미의 경험 공유회는 첫 책을 출간한 뒤부터 회사 밖 활동을 하게 되면서 얻은 인사이트를 동료들에게 나눈 나만의 소박한 프로젝트다. 비정기적으로 종이책 출간 경험, 온라인 강의 제작 경험, 브랜드 홍보 활동 경험, 온라인 커뮤니티 운영 경험을 공유했다.

내가 일하던 조직은 창작자 생태계를 더 나은 방향으로 움직이려는 목표를 가지고 일했기 때문에, 동료들의 시야를 넓히는 데 조금이라도 도움되는 지식을 제공한다는 효능감을 느낄 수 있어 좋았다. 창작자로서 느낀 점, 각 분야에서 발견한 마케팅 노하우, 다른 회사들의 일하는 방식 등을 나만의 관점으로 정리해 발표하며 경험이 단단해졌다.

무엇보다 좋았던 건, 동료들이 그 시간을 재밌어하고 다음 발표를 기다려주는 일이었다. 그렇기에 퇴직 전에 마지막으로 딱 한 번만 더 경험 공유회를 할 수 있다면, 그보다 더 훌륭한 이별은 없을 거라는 생각이 들었다. '하고 싶은 거 다 하고 가라'고 말해준 리더와 동료들의 호의를 거절하지 않은 이유였다.

"동료들에게 어떤 유산을 남기고 싶어?" 발표 주제를 두고 고민하는 내게 친구가 물었다. 얼른 대답이 나오지 않았다. 유산이라. 그렇게 부를 만한 거창한 게 나한테 있나? 입사 시절부터 기억을 하나씩 더듬었다.

2016년 봄, 출근길에 최종 합격 메일을 받았다. 너무 기쁜 나머지 많은 사람이 지나다니는 지하철역 안에서 엉엉 울었다. 메일에 담긴 '아무도 가보지 않은 길에 탑승해서 함께 밝은 미래를 만들어가자'는 말이 좋았다. 입사 전에는 꿈에 그리던 회사, 재직 중에는 자랑스러워하던 회사

Date...

였다. 퇴직이라는 선택이 그런 회사를 '떠나는' 그림으로만 그려지길 바라지 않았다. 내 삶으로 '돌아오는' 선택임을 말하고 싶었다.

그렇게 생각하자 지난 9년의 시간이 여행처럼 느껴졌다. 여행을 마치고 귀가하는 마음으로 나의 커리어를 돌아보면 어떨까? '칭찬일기로 기록하는 커리어 회고'라는 콘셉트라면, 나에게도 의미 있고 동료들에게도 유산 비슷한 걸 남길 것 같았다. 적어도 남의 일기 보는 재미는 보장해줄 수 있다. 제목부터 정했다. '9년의 여행, 아홉 편의 칭찬일기'라고.

9년의 여행에는 긍정적인 기억이 많았다. 회사에 적응하기 어려워하던 시절에 먼저 손 내밀어주는 동료를 만났을 때의 기쁨, 고생 끝에 공개한 프로젝트가 좋은 반응을 얻었을 때의 짜릿함, 용기 내 반대 의견을 말하고서 쪼그라들어 있을 때 공감을 표현해주는 동료에게 느낀 고마움, 열정적인 동료들과 치열하게 회의하던 시간에 대한 그리움, 매년 동료들이 남겨준 감동적인 평가 피드백들……. 하나하나 떠올릴 때마다 가슴이 간지러웠다.

물론 힘들었던 기억도 진했다. 남몰래 훔친 눈물, 소통하고 있으면서도 불통하고 있다는 고립감, 인정받지 못할 때의 자괴감, 그땐 그게 최선인 줄 알았던 선택들에 대한 후회, 아무리 생각해도 이해할 수 없는 행동을 하는 동료 앞에서 느낀 당혹감, 나를 힘들게 했던 나에 대한 자책 혹은 연민……. 떠올리기 시작하자 둑이 열린 것처럼 부정적인 기억의 강물이 속수무책으로 밀려들었다. 그런 마음들은 일을 좋아하고 회사를 자랑스러워하는 마음과 교차해서 감정을 복잡하게 만들었다. 과거로 돌아갈 수 있다면 좀 더 성숙한 태도를 갖춘 직장인이 되고 싶지만, 돌아가는 방법을 알지 못하니 감정을 추스르고 나를 일으켜야 했다.

그다음에 할 일이 칭찬일기를 쓰는 거라 다행이었다. 많은 기억에서 해마다 하나씩 가장 마음에 남은 장면 혹은 그해 전체에 대한 인상을 갈무리했다. 그리고 그때의 나를 칭찬하는 일기를 썼다. 짧은 글로 각색한 과거의 기억이었다. 감정이 앞서나가지 않도록 가능한 한 담백하게, 미련이나 후회를 남기지 않겠다는 마음으로, 오랜 시간을 들여 나를 칭찬했다. 그렇게 9년의 기억이 아홉 편의 일기로 기록되었다.

Date...

2016년: 입사하자마자 위축된 마음

꿈에 그리던 회사의 크루가 되었다. 마냥 좋을 줄만 알았는데 막상 와보니까 그렇지도 않다. 똑똑한 사람이 많다. 많아도 너무 많다. 어쩌다 턱걸이로 들어온 내가 과연 여기서 얼마나 버틸 수 있을까? 그래도 똑똑한 사람인 양 적응하고 있는 내가 장하다.

2017년: 조직 이동할 뻔했다는 고백

타 조직에 지원해 합격했으나 조직장 면담 끝에 가지 않고 남기로 결정했다. 결국 바뀐 건 아무것도 없어서 좀 뻘쭘하지만 이번 기회를 통해 내가 일하고 싶은 환경, 동기, 직무가 무엇인지 알게 되어서 기쁘다. 적극적으로 행동한 나를 칭찬한다.

2018년: 야생마 시절에 대한 사죄

조직 개편으로 조직과 조직이 섞이고 역할과 역할이 부딪치는 와중에 기획자에서 마케터로 직무 전환을 했다. 뭐가 뭔지 모르겠으면 가만히 있어야 중간이라도 갈 텐데, 하고 싶은 말을 참지 못해서 매일 밤 후회한다. 그래도 모르는 분야에 대해 열심히 공부하는 자세만은 칭찬해주고 싶다.

2019년: 평가에 대한 마인드 컨트롤

큰돈 들여 브랜딩 활동에 나섰다. 외부 평가는 좋은데 내부에서 일부 박한 평가가 들린다. 프로젝트 매니저로서 중심을 잃지 않기 위해 단 얘기는 당장 삼키고 쓴 얘기는 객관화해 삼켰다. 무엇보다 중요한 건 함께 일한 동료들과 나눈 '우리의 평가'라고 믿는다. 그 어려운 걸 해낸 동료들과 내가 자랑스럽다.

2020년: 쓸모를 증명했다는 성취감

반년 넘게 팀원들과 몰입한 프로젝트가 중단되었다. 허무하지만 별수 있나, 나는 마케터니까 마케팅을 했다. 매달 프로모션을 하고 외부 협업도 공격적으로 했다. 내가 봐도 만족할 만한 성과가 쌓이는 걸 보니 이제야 제법 쓸모 있는 구성원이 되었다는 생각이 든다.

2021년: 직장인과 작가 겸업의 고충

근무 외 시간에 틈틈이 집필한 책이 출간되었다. 창작자 입장이 되니 일을 대하는 관점이 넓어진 건 좋은데 출간 전에는 쓰느라 바쁘고, 출간 후에는 홍보하느라 바쁘다. 책 낸다고 회사 일에 소홀해졌다는 인상을 주기 싫어서 정신 똑바로 차리고 열심히 살고 있다. 다행히 일도 책도 성과가 좋다.

Date...

2022년: 번아웃 극복기

번아웃이 왔다. 조직장과 동료들에게 내 상태를 알리고, 작은 성취부터 도장 깨기 하며 나를 다독이고 푹 쉬었다. 신경 써서 마인드 컨트롤을 하자 얼마 안 가 업무에 복귀할 수 있었다. 위기 상황에 침착하게 대처한 나, 좀 멋졌다.

2023년: 급진적 자기 돌봄으로서의 휴직

몸 여기저기가 병나기 시작했다. 신체적·정신적으로 침착하게 대처할 수 있는 수준을 넘었다. 서비스는 동료들이 돌볼 수 있어도 나를 돌볼 수 있는 건 나뿐이니까 휴직 신청을 했다. 갑자기 이래도 되나 싶었지만, 진정한 자기 돌봄은 원래 급진적인 거라고 한다. 어른다운 선택을 칭찬한다.

2024년: 유산을 남기고 떠나는 퇴직

자기 돌봄의 연장선으로 퇴직을 택했다. 퇴직을 앞두니 이제야 내가 고인 물이라는 게 실감 난다. 기성세대로서 남기고 갈 수 있는 나만의 유산이 무엇일까 고민 끝에 이렇게 칭찬일기를 공유한다. 턱걸이로 들어왔다는 생각 같은 건 이제 하지 않는다. 그랬어도 뭐 어쩌겠나. 이미 9년이나 다녀버린걸.

일터에서 하는 회고는 흔히 개인보다는 조직의 성장에 초점이 맞춰지곤 한다. 회사 매출이나 조직 성과 달성에 얼마나 혹은 어떻게 기여했는가에 따라 개인의 역량이 평가된다. 개인의 노력과 만족도와는 상관없이 일터에서 정한 평가 기준에 따라 개인에 대한 점수가 매겨진다. 칭찬일기로 기록한 커리어 회고는 '나'의 시선에서 자기주도적으로 커리어를 평가한다는 점에서 의미가 깊다.

내가 했던 것처럼 커리어 회고를 하고 싶은 분들에게 네 가지 단계를 안내한다.

1. 전체 커리어 기간을 돌아본다. 꺾은선 그래프로 시기별 만족도와 주요 사건을 간단히 표시하는 방법으로, 내 커리어의 맑은 날과 흐린 날을 돌아보고 나에게 특별했던 시기가 언제인지 살핀다.

2. 회고할 기간을 정한다. 전체 커리어 기간을 회고해도 좋고, 전 직장 재직 기간, 혹은 최근 n년, 직업 전환을 한 이후 등 특히 신경

Date...

써서 회고하고 싶은 기간을 정해도 좋다.

3. 회고 작성 주기를 정한다. 연도, 분기, 월, 프로젝트 단위, 이직 시기, 주요 사건 등 자기만의 회고 주기를 정하는 것이다. 나의 경우 전 직장 재직 기간을 연도로 나누어 회고했다.

4. 셀프 칭찬일기를 작성한다. 본인이 정한 기간과 주기에 맞춰 일기를 쓴다. 아쉬운 점이 많이 떠오르더라도 잘한 점을 콕 집어서, 혹은 아쉬움에서 얻은 교훈에 주목해 칭찬으로 나의 커리어를 정리한다.

매일 하는 일에서 서너 걸음 정도 뒤로 떨어지면 조금은 객관적으로 일터 안의 나를 볼 수 있다. 일이 나에게 어떤 의미인지, 일터에서 겪은 시간들이 지금 나에게 어떤 의미로 남아 있는지, 과거 나의 행동이 동료들과 일터에 어떤 영향을 주었는지 등을 차분하게 정리할 수 있다.

예전에 동료들과 같이 칭찬일기 모임을 했을 때, 한 동료가 이런 말을 했다. "평소 자존감은 높은 편이지만 요즘 자신감이 낮아진 상태라서 칭찬일기를 써보고 싶어요." 그 말을 듣고 나를 비롯해 여러 동료가 고개를 끄덕였다. 자존감과 자신감은 다른 거라고, 자신감의 높고 낮음은 상황에 따라 차이가 생기기 마련이라는 데 공감했기 때문이다.

여기서 말하는 '상황'이란 이를테면 이런 것이다. 이직을 하거나 부서가 바뀌거나 예상치 못한 이슈가 생기는 등 '새로운 환경'에 놓일 때. 조직장이 되거나 직무가 바뀌거나 낯선 임무를 맡는 등 '새로운 역할'을 맡았을 때. 지금까지 능숙하게 일하던 방식에서 벗어나 다시 업무 숙련기를 거쳐야 해서 제 기량을 온전히 발휘하지 못하는 시기에 직장인들은 자신감이 낮아지는 경험을 한다. 그럴 때면 일의 주도권을 가지기도 힘들다.

누구든 새로운 상황 앞에서는 적응 기간을 요한다. 직장 생활을 하며 나는 수많은 새로움에 직면했고, 그때마다 짧게든 길게든 적응하는 시간이 필요했다. 당연하게도 100퍼센트의 역량을 보여주지 못하는 시기였는데, 나는 나에게 관대하지 못했다. 나를 몰아붙인 탓에 제대로 처리되지 못한 채 부유하는 감정이 많았다. 커리어 회고를 하면서, 그런 기억들과 작별하는 시간을 가져서 정말 다행이었다.

아홉 편의 칭찬일기는 지극히 개인적이지만 그렇기 때

Date...

문에 보편적이기도 한 일기였다. 친애하는 동료들에게 남기는 편지이기도 했다. 미숙했던 그때의 나를 사과하고 동료들에게 공감받고 싶다는 욕심, 내가 뒤늦게 깨달은 것을 동료들은 제때 알고 좀 더 행복한 직장 생활을 해줬으면 하는 바람을 담은 편지. 어쩌면 내가 동료들에게 남기고 싶은 유산은 '지금 알게 된 걸 그때도 알았더라면 좋았을 텐데' 하는 마음이었을지 모르겠다.

발표하다가 울컥하는 순간이 있었지만 애서 담담하게 마쳤다. 동료 몇 명이 나 대신 눈물을 흘려줬다. 이만하면 충분히 성실한 이별인 것 같았다. "그럼 이만 퇴근하겠습니다"라고 말하고는 마지막 퇴근을 했다. 발걸음은 가볍고 마음은 가뿐했다.

지금 할 수 있는 일,
나만의 커리어 회고 워크숍을 해보세요.

- 전체 커리어를 돌아보고 시기별 만족도 그래프를 그려보세요.
- 커리어 회고 기간과 주기를 정해 칭찬일기를 써보세요.

Date...   Chapter... 03

타인과 칭찬 주고받는 법

01 　받을 줄 알아야 나눌 수 있는 칭찬

나눌 줄 알아야 받을 수 있는 칭찬

　유난히 받기 어려웠던 칭찬이 있다. 글에 대한 칭찬이다. 칭찬이라면 가리지 않고 거의 다 기분 좋게 받는 편인데 '글 잘 쓴다'는 칭찬만큼은 그러지 못했다. 이상하게 쭈뼛거렸다. 언제부터 그랬냐면, 첫 책 출간 후부터였다. 내 책을 읽은 누군가가 칭찬을 하면 감사한 한편 겸연쩍었다. "글 잘 쓰더라. 술술 읽히고 재밌었어" 같은 말을 들으면 얼굴이 화끈거렸다. 글을 잘 쓰는 사람이 못 돼서 이리 고치고 저리 고치고 수십 번 퇴고해가며 간신히 완성한 거라면서 나를 낮췄다. 어쩌다 책을 내긴 했지만 '작가님'이라고 불리는 게 민망해서 가급적이면 그냥 이름을 불러줬으면 했다. 그러던 어느 날이었다. 습관처럼 글 칭찬을 방어하는 내게 지인이 말했다.

"작가님, 자기 이름으로 책을 냈을 정도면 기본적으로 글을 잘 쓰는 거예요. 그렇게 겸손하지 않아도 돼요."

그 자리에서는 당황해서 뭐라고 답했는지 잘 기억이 나지 않는다. 대충 얼버무리고 화제를 돌렸던 것 같다. 하지만 그 말은 질문으로 바뀌어 나를 따라다녔다. 나는 왜 글에 대한 칭찬을 받아들이지 못할까?

답은 간단했다. '잘 쓴 글'에 대한 기준이 너무 높았다. 훌륭한 글을 쓰는 대작가들에게 느끼는 경외감이 큰 만큼 내 글에 대한 평가는 박했다. 나름대로 최선을 다해 쓰긴 했지만, 최선과 최고는 엄연히 다르다고 생각했다. 최선만 가지고는 나를 인정해주기가 어려웠다. 나로서는 완벽주의 성향과 타협할 마음이 추호도 없는, 그래서 칭찬이 비집고 들어올 자리가 없는 영역이었다.

나 같은 사람이 나만은 아니었다. 내 주변에는 글 잘 쓰는 사람이 많다. 그래서 글쓰기 소질에 감탄할 일도 참 많다. 그런데 글 잘 쓴다고 칭찬하면 열에 여덟아홉은 손사래를 친다. "아니요, 저는 글쓰기에 소질이 없어서……" 같은 반응을 보이기도 한다. 칭찬이 자기 안으로 들어오지 못하

Date...

도록 그대로 반사하는 수법이다.

　이렇게 내가 했던 것과 비슷한 칭찬 방어를 겪으며 알게 된 게 있다. 아무리 막아선들 칭찬한 쪽에서는 '그렇구나, 글쓰기에 소질이 없으시구나' 하며 상대의 말을 곧이곧대로 받아들일 리 없다는 사실이다. 상대가 스스로를 박하게 평가하는 게 속상할 따름이다.

　칭찬을 받으면 으레 "에이, 아니에요~" 하면서 손사래 치는 지인들에게 물어봤다. 칭찬을 받지 못하는 혹은 받지 않는 이유가 무엇인지. 칭찬받는 상황이 익숙하지 않아 어색한 반응이 나오는 것 같다고 한다. 상대가 인사치레로 한 말에 괜히 거만하게 굴지 않으려고 적당히 대화를 끝내는 거라고도 했다. 공감되지 않는 칭찬은 받아들이지 못하겠다는 다소 냉정한 답도 있었다. 의외로 오랜 유교적 관습에서 나온 겸손 자아라는 답은 없었다. 겸손해야 한다는 생각으로 한 행동이 아니거나 자기 행동을 겸손이라고 인식하지 않는 것 같았다. 제삼자가 볼 때는 엄연한 겸손이었는데도 말이다.

　《듣기 좋은 말 하기 싫은 말》에서 저자 임진아는 그것을 '그늘진 겸손'이라고 말한다. "칭찬에 유독 약한 사람에게 존재하는 겸손 커튼이 쳐지는 순간"의 행동이자 자신을 존중하지 않고 내세우지 않는 태도다. 내가 했던 칭찬 방어도 돌아보면 그늘진 겸손이었다. 하지만 지인의 말을 듣기 전까지는 그걸 겸손이라고 생각하지 못했다.

아니, 정확히 말하면 겸손이라고 하기도 어렵다. '남을 존중하고 자기를 내세우지 않는 태도'라는 겸손의 사전적 정의를 따르려면, 오히려 내 의견을 내려놓고 상대의 칭찬을 받아들여야 하지 않나. 그런데 나는 상대의 기준을 존중하지 않고 '잘 쓴 글'에 대한 내 기준을 고수하며 상대의 칭찬을 부정했다. 분명 그늘진 태도였다.

문제점을 인지한 뒤로 칭찬받는 연습을 했다. 글솜씨 칭찬을 받을 때마다 나오던 자동 손사래를 멈추고 "고맙습니다"라고 답했다. 칭찬의 내용에 대해 '맞다/틀리다' 판단하게 되면 반사적으로 부정하는 반응이 튀어나올 수 있으므로, 칭찬을 그냥 있는 그대로 받아들였다. 칭찬받는 순간에 필요한 가치판단은 '칭찬이라는 핑계의 무례인가, 아닌가' 정도면 충분하니까.

몇 번 칭찬을 받아보니 "고맙습니다"로는 부족한 것 같

Date...

아 몇 가지 답변 시나리오를 짜두었다. "그렇게 봐주시다니 고맙습니다", "오! 저에게 그런 면이 있는 줄 몰랐는데 알려주셔서 고맙습니다", "제가 노력한 부분을 알아봐주셔서 고맙습니다", "이런 칭찬을 해주시는 님이 더 멋져요!" 등등. 처음에는 어색하고 입이 잘 안 떨어졌지만 몇 번 해보니까 별일 아니었다. 너무 냅다 받아들이면 상대가 나를 건방지다고 여기지 않을까? 하는 걱정이 들 때는 역지사지를 해봤다. 내가 누굴 칭찬했을 때 "고맙습니다"라고 한다면 건방지다고 생각하나? 결코 그럴 리 없다.

책이 더 많은 사람에게 읽힐수록 나는 더 많은 글솜씨 칭찬을 받았다. 그중에는 "저한테 왜 이렇게 잘해주세요"라고 말하고 싶을 정도로 진심 어린 칭찬도 있었다. 진심에는 마음속 깊숙이 남아 있던 방어막도 풀어버리는 힘이 있다. 방어막이 사라진 자리에서 '이 정도면 나 정말 조금 잘 쓰는 작가일지도?'라는 생각이 자라났다. 나의 노력이나 가치를 인정받았음을 순수하게 기뻐하고, 나 스스로도 그 일을 인정하는 시간을 가질 때 비로소 칭찬이라는 꽃이 열매를 맺는다. 나의 첫 번째 열매는 '내가 다른 건 몰라도 잘 읽히는 글을 쓰려고 노력하는 편이긴 하지'라는 인정이었다(라고 쓰면서 부디 이 글이 술술 읽히길 바라고 있다).

●

 칭찬을 많이 받아본 사람이 칭찬을 잘한다. 이건 내가 믿는 고정불변의 세상 이치 중 하나다. 칭찬을 받고 좋았던 경험이 많이 쌓이면 타인에게도 좋은 경험을 만들어줄 가능성이 커진다. 어떤 상황에서 어떤 표현의 칭찬을 받았을 때 특히 좋았는지 레퍼런스가 있기 때문이다. 자신이 인정받았던 경험에 비추어 상대의 입장에서 생각하고, 빈말이라고 느낄 만한 칭찬이 아닌 진정성 있는 칭찬을 건넬 수 있게 된다.

 칭찬을 많이 받으려면 어떻게 해야 할까? 칭찬을 많이 하면 된다. 이것 또한 내가 믿는 이치 중 하나다. 내가 먼저 주변 사람들을 칭찬하면, 나에게 칭찬받은 사람이 나를 칭찬하고, 그러다 어느새 칭찬을 많이 받아본 사람이 되어 칭찬을 잘하게 되는 긍정 순환이 일어난다.

 나는 내가 받고 싶은 칭찬을 남에게 해주면서 칭찬하는

법을 익혔다. 사소한 것이라도 그냥 넘어가지 않고 표현해주기, 성과가 나지 않더라도 과정과 의지를 알아봐주기, 뭘 잘했고 왜 좋은지 가능한 한 구체적으로 말해주기, 때로는 크게 감탄하며 기분 좋은 리액션해주기, 축하받을 만한 일은 여러 사람과 요란하게 축하해주기 등이다. 처음이 어렵지, 하면 할수록 칭찬하는 게 자연스러워진다. 내가 받고 싶은 걸 남도 받고 싶어하는 경우 칭찬은 성공적으로 작용한다. 다만 모든 이가 나 같을 순 없다. 내가 받고 싶은 걸 누구나 받고 싶을 거라 단정해서는 안 된다.

스스로 생각하는 내 모습과 칭찬받은 내 모습이 다를 때, 사람들은 당황한다. 의외의 발견을 했다며 칭찬을 기쁘게 받아들이는 사람이 있는가 하면, 공감할 수 없는 칭찬이라 밀어내는 사람도 있다. 글쓰기에 소질이 없다고 생각하는데 글 잘 쓴다는 칭찬을 받았을 때 내가 어쩔 줄 몰라 했던 것처럼 말이다.

상대가 칭찬을 방어하면 순간적으로 나도 당황스럽다. 그래도 마음을 가다듬고 판단 회로를 돌린다. 어째서 방어한 걸까? 칭찬받는 걸 어색해하는 사람이라면 가급적 자주 칭찬을 해주려고 한다. 작은 칭찬이라도 매일 하나씩 받다 보면 금세 칭찬받는 게 익숙해질 테니까. 습관적으로 겸손한 반응을 보이는 사람에게는 '겸손할 필요 없다'라고 직설적으로 말해주려고 한다. 자기 행동을 직접 깨우쳐야 변화할 수 있을 테니까.

상대 쪽이 아니라 나의 태도를 돌아봐야 할 때도 있다. 공감되는 칭찬을 했더라면 상대가 당황하지 않았을 테니까. 상대가 '잘하지 않는다'고 생각하는 걸 가지고 "아니? 넌 분명히 잘해!"라고 하면서 왜 공감하지 않느냐고 탓할 수만은 없으니까. 그럴 땐 단순히 성과 측면의 평가가 아니라 그런 성과를 내기 위해 노력한 부분을 알아봐주는 게 좋다. '글 잘 쓴다'가 아니라 '이렇게 잘 읽히는 글을 쓰기 위해 수많은 퇴고를 했겠구나' 하면서 말이다. 글 잘 쓴다는 평가에는 공감하지 않을지언정, 잘하고 싶다는 의지와 노력에 대해서는 수긍할 가능성이 높다.

좋은 칭찬은 평가를 '하는' 것이 아니라 피드백을 '주는' 것에 가깝다. 평가는 닫힌 결말이다. '잘한다'는 평가를 받으면 그 후에 어떤 행동을 할까. '음, 내가 좀 잘하는가보군' 하고 알

Date...

아차릴 뿐, 곧바로 다음을 상상하기는 어렵다. 반면 좋은 피드백을 받으면 다음에 할 행동을 상상할 수 있다. 누군가 구체적으로 어떤 부분을 잘하는지 알려주고, 앞으로의 실천 방향을 스스로 찾을 수 있도록 동기부여와 진심 어린 지지를 해주면 자신감을 충전하고 움직일 수 있다.

가령 일 잘하는 동료가 자신의 업무 능력을 깨닫지 못하고 있으면 어떤 말을 해줘야 할까. 이제 막 리더가 된 동료가 '모든 걸 부정적인 쪽으로 상상하는 사람'이라고 자신을 규정하고, 이런 성향이 팀 업무에 방해되는 것 같다며 자책하는 상황이라고 가정해보자. 나라면 이런 피드백을 해주고 싶다.

"늘 최악을 상상하는 사람은 온갖 경우의 수를 시뮬레이션하잖아요. 변수를 예측하면 위험 요소를 예방할 수 있고요. 당신은 실무자가 미처 파악하지 못한 예외 상황을 꼼꼼하게 짚어내면서도, 실무에 간섭하지 않는 선에서 사려 깊게 피드백하는 리더예요. 저는 당신이 부정적인 쪽으로 상상하는 사람이어서 오히려 늘 긍정적인 결과를 만든다고 생각해요. 저에게는 없는 능력이라 제 눈에 더 잘 보이는 거겠죠. 제가 부러워하는 능력이고요."

이런 피드백을 할 때면 상대를 설득하고 변화시키고 싶다는 마음이 앞선다. 하지만 알고 있다. 피드백을 받아들이는 건 온전히 상대의 몫이다. '이런 의견도 있구나' 정도로 생각한다 해도 진심은 전해진 거나 다름없다.

진심을 전하는 게 목적이라면 구태여 내 생각과 의견을 내세우지 않아도 된다. 그저 상대의 말을 경청하는 것, "당신의 부정적인 성향이 업무에 방해된다고 생각하는군요" 하면서 상대의 생각을 이해해주는 것, 그리고 "왜 그런 생각을 하게 되었나요?" 같은 질문을 함으로써 상대가 스스로 자신의 생각을 돌아보도록 도와주는 정도만으로도 충분하다.

진정으로 상대를 위한 행동이 무엇인지는 판단하기 나름이다. 칭찬이든, 피드백이든, 질문이든, 진심은 어떤 식으로든 통하게 돼 있으니까.

지금 할 수 있는 일,
칭찬을 주고받아보세요.

- 내가 받고 싶은 칭찬을 타인에게 해보세요.
- 어떤 칭찬을 받든 "고맙습니다"라고 기분 좋게 답해보세요.

02 | 칭찬에도 유형이 있다고요?

성향에 맞춰 칭찬하는 법

몇 날 며칠 붙잡고 있어도 잘 풀리지 않는 원고가 있었다. 평소 서로의 글을 봐주곤 하는 작가 친구에게 도움을 청했다. 친구는 내가 답답해하던 부분이 어디인지 단번에 알아채고 개선 방향을 제시해줬는데, 고마운 한편 체한 것처럼 뭔가 께름칙했다. 왜인지 곰곰이 생각한 끝에 알았다. 잘 쓴 부분도 분명히 있을 텐데 잘 못 쓴 부분에 대해서 지적만 받은 것 같아 기분이 안 좋았던 거다. 그래서 친구에게 말했다.

"그런데 혹시…… 잘 쓴 부분은 없어? 칭찬도 좀 해주면 안 될까?"

글에 대한 칭찬에 손사래 치던 나는 이제 없다. 유치하다고 생각해도 어쩔 수 없다는 마음으로 한 말에 친구는 호탕하게 웃었다. "잘 쓴 부분 많지! 잠깐만 기다려봐" 하더니 구구절절한 칭찬을 보내왔다. 그제야 나는 기분 좋게 원고를 수정할 수 있었다.

다른 친구에게 이 얘기를 했더니 매우 공감하며 자기 얘기를 해줬다. 그 친구는 근래 테니스에 푹 빠졌다. 어느 정도냐면, 본업이 선수인가 싶을 정도로 맹훈련을 하고 시도 때도 없이 연습 경기 영상을 본다. 그런데 영상을 보던 중 펑펑 운 일이 있었다는 거다. 게임 파트너가 자꾸만 실수한 부분을 지적했기 때문이다. 더 잘하고 싶은 마음을 아니까 개선 방향을 코치해주려는 의도였겠지만, 친구는 서러웠단다. 고쳐야 하는 부분이 무엇인지 누구보다 본인이 제일 잘 알고 고치려고 노력하고 있는데 그런 노력과 잘한 부분에 대해서는 언급하지 않고 잘못만 지적받았으니 기분이 상할 수밖에. 그 기분 나도 잘 알지.

사람에 따라 효과적인 칭찬법이 있다. '어떤 칭찬을 어

Date...

떻게 받는 걸 좋아하는가'를 기준으로 유형을 나눈다면, 친구와 나는 같은 유형에 속하는 사람일 것이다. 나는 그걸 《칭찬의 기술》을 보면서 정확히 알게 됐다. 저자 스즈키 요시유키는 효과적인 조직 관리를 위해 칭찬하는 기술을 알려준다. 지금은 절판된 옛날 책이라 요즘 시대에 알맞지 않은 내용이 많지만, 칭찬을 유형화한 부분만큼은 꽤 흥미롭다. 훌륭한 리더가 되려면 '칭찬은 무조건 좋은 것이고 누구에게나 뭐라도 칭찬하면 당연히 좋아할 것'이라는 획일화된 사고방식을 깨고 팀원의 성향에 맞춰 올바른 칭찬을 건네야 한다는 것이다. 일터뿐 아니라 일상의 관계에도 적용 가능한 이야기다.

저자는 유형을 네 가지로 분류해서 효과적인 칭찬법을 알려준다. 완벽주의·능력주의·성과주의로 대표되는 컨트롤러형(관리자), 긍정·솔직·유쾌한 캐릭터의 프로모터형(주최자), 전형적인 '착한 사람' 서포터형(조력자), 누구보다 신중한 애널라이저형(분석가)이 그것이다.

이 분류법에 따르면 친구와 나는 프로모터형이다. 프로모터형은 매사에 낙관적이며 호기심 많고 즐거운 인생을 꿈

꾼다. 긍정 에너지를 퍼뜨려 주변 사람들에게 인기가 많다. 감정 표현이 풍부하고 기분을 숨김없이 솔직하게 드러낸다. 타인의 얘기를 듣기보다는 자신이 얘기하는 데 익숙한 경우가 많고, 말을 재미있게 잘하는 편이라 모임에서 화제를 이끌어가는 중심인물이 되곤 한다. 외향인이 많을 것 같지만 의외로 내향인 중에도 프로모터형이 많다.

　프로모터형에게는 '관심'이 곧 칭찬이다. 자신에 대한 관심 표현을 받는 것만으로도 힘이 난다. "네가 최고야!", "대단하다!" 같은 감탄사에도 쉽게 기분이 좋아진다. 어떤 점이 대단한지 구체적으로 설명해주면 더 신나지만 사실 이유가 없어도 괜찮다. 프로모터형은 칭찬을 스펀지처럼 흡수한다. 칭찬의 말에 보이지 않는 의도가 있을 거라 의심하지 않고, 누군가는 '인사치레로 한 말이겠거니'라고 생각하고 가볍게 넘기는 작은 칭찬도 순수하게 받아들인다. 타인에게 받는 칭찬은 물론이고, 스스로에게 하는 칭찬의 말도 효과가 좋다. 칭찬하는 즉시 기분이 고양된다. 스스로를 칭찬하기 전과 후의 효과가 명확히 드러나는 유형이라 할 수 있다. 내가 셀프 칭찬을 훈련하고 칭찬의 기술을 공유하는 책까지 쓰게 된 건 우연이 아니었나보다.

Date...

프로모터형은 부정적인 피드백에 매우 약하다. 자신감을 가지고 하던 일을 누군가 안 좋게 말하거나, 아이디어가 좌절당하면 심적 타격을 입고 움츠러든다. 그러니까 부정적인 피드백을 해야 할 때는 열 가지 칭찬과 함께 한 가지 조언을 내미는 게 효과적이다. 프로모터형은 조언받기를 싫어하는 게 아니다. 칭찬받기를 워낙 좋아하는 거다.

프로모터형인 내가 특히 좋아하는 칭찬은 천재 칭찬이다. 별일 아니어도 대단한 일을 해낸 것처럼 "천재야!"라고 칭찬해주면 그렇게 기분이 좋다. 천재 칭찬은 '잘했다, 멋지다, 최고다, 짱이다' 등 고양감이 들게 하는 여러 표현 중에서도 가장 효과가 좋다. 프로모터형은 작은 칭찬이라도 매일 받는 걸 좋아한다. 진심이 담긴 구체적인 칭찬도 좋아하지만 매일매일 천재 칭찬을 받는 건 더 좋다. 가까이서 매일 칭찬해주는 사람이 없다면 하루 한 줄이라도 칭찬일기를 쓰자. 내가 그랬던 것처럼.

감정을 표현하는 데 있어서 프로모터형과 정반대 지점에 애널라이저형이 있다. 기쁜 일이 있을 때 "정말 기뻐!" 하면서 있는 그대로 감정을 드러내는 프로모터형과 달리, 애널라이저형은 "그때는 꽤 기쁘다고 느꼈어" 하면서 자신의 감정에 대해서도 객관적인 표현을 한다. 누구보다 신중한 성격이라 어떤 일이든 즉흥적으로 결정하지 않고, 많은 정보를 모으고 꼼꼼히 검토한 뒤 결정한다. 일 처리에 실수가 적고 객관적이며 성실하다는 평가를 받는다.

칭찬받는 상황에서도 애널라이저형은 객관적인 태도를 취한다. 천재 칭찬처럼 근거 없이 불쑥 내미는 칭찬에 반응하지 않는다. 구체적으로 어떤 부분을 어떤 이유로 칭찬하는지, 근거 있는 칭찬을 해야 비로소 칭찬을 받았다고 생각한다.

애널라이저형을 칭찬할 때는 삶의 태도에 대한 이해와 존중이 선행되어야 한다. 어느 유형보다도 자기만의 속도를 소중히 생각하는 유형이기 때문이다. 애널라이저형인 친구는 누군가가 자신을 다그치거나 재촉하는 걸 싫어한다. 그래서 일터에서 매번 의견을 묻자마자 바로 대답하길 요구하는 동료와 협업하는 게 너무 힘들었다고 한다. 생각나는 대로 말하는 게 아니라 조금 느리더라도 자기 의견을 정확히 말하고, 후회 없는 선택을 추구하는 애널라이저형에게는 차분하게 생각할 시간이 필요하다.

Date...

버거운 세상의 시계에 맞서 고군분투하는 애널라이저형을 응원하려면 생김대로 살아가는 걸 칭찬해줄 필요가 있다. 자기 페이스를 잃지 않으려고 노력하는 것, 일에 있어서든 관계에 있어서든 성실한 태도로 임하는 것, 꾸준히 자신의 전문성을 닦아나가는 것 등등. 칭찬의 빈도는 그다지 중요하지 않다. 애널라이저형은 프로모터형과 반대로, 매일 작은 칭찬을 받는 것보다 가끔이라도 진심이 담긴 구체적인 칭찬을 받는 걸 좋아한다.

새로운 환경에 적응하거나 변화를 힘들어하는 편이니 그럴 땐 셀프 칭찬의 힘을 빌려도 좋겠다. 일간 칭찬일기가 버겁게 느껴진다면 며칠 혹은 주간 단위로 쓰길 추천한다. 단문보다는 장문으로, 충분한 시간을 들여서.

서포터형은 다른 사람을 도우면서 효능감을 느낀다. 사람 간의 관계와 개개인의 다양성을 중시하고, 여러 사람이 조화롭게 어울릴 수 있도록 자신의 시간과 에너지를 기꺼이 헌신한다. 타인이 만족해야 자신의 만족도도 높아지는 유형이다.

서포터형에게는 '고맙다'는 말이 칭찬이다. 이타적인

성향이 매우 큰 서포터형은 무의식중에 타인에게 쏟은 노력과 애정에 대해 보답받고 싶어 한다. 특별한 보답을 바라는 건 아니다. "네 덕분이야", "큰 도움이 됐어" 같은 표현, 그리고 주위의 기대에 부응하기 위해 노력했다는 점을 알아봐주고 인정해주는 말이면 충분하다.

서포터형은 타인의 인정을 받지 못할 때 다른 유형에 비해 큰 스트레스를 받는다. 일터에서 아무 문제 없는 것처럼 일하다가 돌연 퇴사 선언을 하는 사람 중에 서포터형이 많다고 한다. 자신이 한 일에 대해 인정받지 못하는 상황이 지속되면 혼자서 힘들어하다가 부정적인 감정이 폭발해버리는 거다. 그만큼 서포터형은 관계를 중시하고 타인을 배려하느라 자기 의견을 감추고 감정을 억제하는 경우가 많다.

서포터형 친구에게 물었다. 남을 위해서 한 일에 대해 고맙다는 말을 듣지 못하면 서운하냐고. "솔직히 말하면 많이 서운해"라는 답이 돌아왔다. 남을 위해 일부러 내 시간이나 돈, 마음을 썼더라도 그 일을 금세 잊어버리는 나와는 사뭇 다른 반응이라 흥미로웠다. 친구는 보답을 바라는 자신이 속 좁은 사람 같다며 부끄러워했다. 친구에게 다정한

Date...

조력을 여러 번 받아본 나는 그 말에 동의할 수 없었다. 정말 속이 좁은 사람이라면 자기 일 제쳐두고 남을 기꺼이 도와줄 수 없다. 자신이 여유롭지 않은 상황에서도 타인의 입장부터 고려하고, 정말 무리인 상황에서도 부탁을 거절하지 않고 어떻게든 도와주려고 애쓰는 게 서포터형이다. 그러니까 서포터형을 칭찬할 때 감사의 표현은 필수다. 내가 생각한 것보다 훨씬 더 나에게 마음을 써준 거라는 전제를 바탕으로 칭찬해주자.

가까운 사람 중 서포터형이 있다면, 자기 자신만을 위해 행동한 부분에 대해서도 칭찬해주길 바란다. 서포터형은 친구로서, 가족으로서, 연인으로서, 동료로서, 지인으로서 살아가는 경우가 많다. 그러므로 때로는 타인을 위해서가 아니라 자기 자신이 바라는 걸 의식적으로 할 필요가 있다. 스스로에 대한 다정함을 잊지 않도록.

서포터형과 달리 '고맙다'는 말에 시큰둥한 유형이 있다. 컨트롤러형이다. 컨트롤러형은 '수고했다'는 격려보다 '잘했다'는 인정을 좋아한다. 성과 지향적인 관리자 중에 많은 유형으로, 자기주도적으로 일을 이끌어간다. 강한 결단력과 위험을 두려워하지 않는 실행력, 만족할 만한 결과물이 나올 때까지 모든 걸 쏟아붓는 끈기가 강점이다. 과정보다 결과를 중시하고 목표 달성을 위해 자신과 주변을 통제하는 성향도 있다.

컨트롤러형 친구에게 물었다. 힘든 프로젝트가 끝난 뒤 동료에게 "당신 덕분에 프로젝트가 잘 끝났어요"라는 말을 들으면 어떤 느낌일지. 그 동료가 제 몫의 일을 잘했더라면 '당신 덕분' 같은 말을 할 리가 없을 테니 기분이 별로일 것 같단다. 서포터형에게 했더라면 칭찬이었을 말이 컨트롤러형에게는 가닿지 않는다는 걸 알았다. 이 상황에서 알맞은 칭찬은 '당신이 프로젝트 계획을 꼼꼼하게 세우고 역량을 발휘할 수 있도록 팀원들을 독려했기 때문에 목표한 일정에 완성도 높은 결과물이 나왔다'는 말일 것이다. 컨트롤러형은 자신의 역량과 그 역량을 발휘해 만든 결과물에 대한 칭찬을 좋아한다.

또한 컨트롤러형은 의사 표현에 거리낌이 없다. 다소 직설적이라는 말을 듣기도 하지만, 괜히 에둘러 말해 의사소통이 꼬이느니 싫은 건 싫다고 분명하게 말하는 편이 낫다는 주의다. 컨트롤러형은 빈말을 하지 않는다. 과장하거나 축수하지도 않는다. 상대에게도 그런 걸 원한다. 그래서

Date...

___

영혼 없는 칭찬보다 차라리 정직한 조언을 선호한다. 공감되지 않는 칭찬은 귓등으로 듣지만 진심으로 돕고 싶어서 해주는 쓴소리는 귀담아듣는다.

컨트롤러형 중에는 소위 '일만 잘하는' 사람이 많다. 그에게 다정함은 평생 큰 숙제다. 그러니까 주변 사람에게 다정한 말과 행동을 하는 걸 봤다면 크게 칭찬해주길 바란다. 스스로에게도 다정해질 필요가 있다. 컨트롤러형은 상대적으로 긴장도가 높은 편이다. 완벽주의 성향이 강해 실수나 실패에 민감하기 때문이다. 장기적으로 원하는 바를 이루려면 결과뿐 아니라 과정도 칭찬할 줄 알아야 한다. 휴식 일정을 정해두고, 잘 쉬었을 때 스스로 칭찬해주는 훈련도 필수다. 주기적으로 일상을 회고하는 습관으로 '진행 중인 일'에 대한 칭찬, '잘 쉬는 나'에 대한 칭찬을 하면 큰 도움이 될 거다.

●

유형 분석이라는 게 으레 그렇듯 특정 유형으로 누군가를 규정할 순 없다. 유형 수가 아무리 많아도 모두 다른 개개인을 설명할 순 없다. 하물며 네 가지 유형으로 사람을 분류한다는 건 사실상 불가능이다. 따라서 앞의 설명은 그저 칭찬에 대한 이해를 돕는 참고 자료 정도라고 보면 좋겠다.

나와 내 주변 사례를 탐구한 결과, 당연하게도 한 사람이 콕 집어 한 가지 유형에만 해당할 가능성은 매우 낮았다. 보통 두 가지 유형의 성향을 가지고 있고, 설명에 거의 공감하지 못하는 유형이 최소 한 가지씩 있었다. 가령 나의 경우 프로모터형에 가깝지만 컨트롤러형의 성향도 조금 가지고 있다. 하지만 서포터형과는 아무래도 거리가 멀다.

그런데 또 한편으로는 네 가지 유형이 다 내 안에 있는 것 같기도 하다. 나는 내게 애널라이저형처럼 나만의 속도를 지키며 사는 걸 칭찬해주고 싶고, 서포터형처럼 나를 위해서 한 선택들을 칭찬해주고 싶고, 컨트롤러형처럼 과정의 중요성을 되새기는 것도 칭찬해주고 싶다. 그리고 프로모터형으로서, 천재 칭찬은 해도 해도 질리지 않는다. 중요한 건 유형이 아니다. 나와 내 주변 사람들을 기쁘게 하는 칭찬의 말이 무엇인지 아는 것이다.

참, 아무 유형에도 해당하지 않는 친구도 있었다. 그 친

Date...

구는 천재 칭찬도, 자기만의 속도 존중도, 감사 표현도, 역량 칭찬도 다 '받으면 좋지만 안 받아도 그만'이라는 입장이었다. 그러면 칭찬받는 걸 좋아하지 않는가? 그건 아니다. "넌 도대체 어떤 칭찬을 받을 때 기분이 좋아?"라고 묻자 친구가 답했다. "음, 매력적이라는 칭찬?" 역시 인간은 다양하다고 생각하며 친구가 듣고 싶어 하는 칭찬을 해줬다.

지금 할 수 있는 일,

유형별 칭찬법을 참고해 칭찬을 해보세요.

- 나는 어떤 유형과 비슷하고 어떤 유형과 다른지 생각해보세요.
- 유형별 칭찬법을 참고해 가장 가까운 사람에게 칭찬을 해주세요.

03 | 칭찬일기를 함께하면 생기는 일

열자마자 모집 마감되는 모임, 왜?

　회사 밖에서도 칭찬일기 모임을 운영한 적이 있다. 2022년 2월부터 1년 동안 '밑미'라는 플랫폼을 통해 진행한 셀프 칭찬일기 리추얼 모임이다. 칭찬일기 멤버들과 나는 일요일부터 목요일까지 주 5일, 매일 밤 자기 전에 칭찬일기를 썼다. 그리고 멤버들끼리 모인 온라인 공간에 일기를 공개했다. 내 칭찬일기를 보여주고 남의 칭찬일기를 보면서, 누적 백여 명과 셀프 칭찬을 공유하는 시간이었다.

　모임에서 나는 '칭찬일기 잘 쓰는 법' 같은 걸 알려주지 않았다. 그때는 나도 셀프 칭찬을 훈련하는 중이기도 했거니와 서로의 일기가 서로에게 가르침이 되어줄 거라는 믿음이 있었다. 모임에서 나의 역할은 칭찬일기를 꾸준히 공

Date...

개하는 '멤버 1인'이자, 멤버들이 좋은 경험을 하도록 모임을 운영하는 '이끎이'였다.

    타인의 일기를 통한 학습 효과는 기대 이상이었다. 우선 일기를 쓰는 도구와 형식부터 다양하게 접할 수 있었다. 하루에 한 가지 칭찬거리를 주제로 쓴 장문의 일기, 불릿을 달고 짧은 문장으로 여러 가지 칭찬을 나열한 일기, 서너 가지 칭찬을 각각 서너 문장 정도로 쓴 일기 등 각자 잘 맞는 형식이 있는 것 같았다. 일기를 모임용 온라인 게시판에 써서 그대로 올리는 사람이 있는가 하면, 자주 사용하는 기록용 앱이나 블로그에 쓴 뒤 스크린 숏을 찍어 올리는 사람, 노트에 쓴 뒤 사진을 찍어 올리는 사람도 있었다. 유용한 앱 정보를 얻고 귀여운 손글씨를 부러워하며 자연스럽게 칭찬 일기를 쓰는 레퍼런스가 쌓였다.

    일기 내용 면에서도 배울 점이 많았다. '오! 이런 것도 칭찬할 수 있구나!' 하면서 칭찬거리라고 미처 생각하지 못했던 일을 매일 발견했다. 모임 초반 나에게 가장 인상적이었던 일기에는 "창밖을 내다봤다"라는 내용이 있었다. 집에서 코로나 바이러스와 싸우던 멤버의 일기였다.

창문을 열고 밖도 내다보고 상쾌한 공기와 햇살을 놓치지 않은 거, 잘했어! 사과로 비타민 섭취, 잘했어! '괜찮아, 낫는 중이야!'라고 스스로에게 말해준 거, 정말 잘했어!

그 일기를 보면서 '나는 오늘 하늘을 봤던가?' 하는 생각이 들었다. 다음 날에도 문득 '내가 오늘 하늘을 봤던가?' 하는 생각이 들어 창밖을 내다봤다. 그렇게 타인의 일기를 계기로 아무리 바빠도 하루에 한 번은 하늘을 올려다보자고 다짐하고 실천하게 되었다.

자신이 겪었던 일과 비슷한 일을 겪은 멤버의 일기를 볼 때는 '이렇게 대처하는 방법도 있었구나' 하면서 생각의 전환을 하고, "○○아, ~한 걸 칭찬해!"라고 자기 이름을 부르며 칭찬하는 멤버를 보면서 따라 하기도 하고, 일기에 귀여운 그림을 그리거나 이모지를 붙이면 기분이 한결 더 좋아진다는 것도 알게 됐다. 한 멤버는 칭찬일기를 쓸 때 "A 했는데도 B 해버린 것 때문에 후회돼"가 아니라 "B 했지만 A 한 것만으로도 수고했어"라고 문장 순서를 바꾼다는 자기만의 비법을 알려주기도 했다.

타인의 일기를 보며 '나를 칭찬하는 기술'을 성장시킬

Date...

수 있다면, 타인의 댓글을 통해서는 '남을 칭찬하는 기술'을 익힐 수 있다. 같은 일기를 보고도 저마다 다른 댓글을 남기기 때문이다. "우와!!! 너무 대단해요!!!" 하면서 음성이 들리는 듯한 반응을 남기는 사람의 댓글을 보면 기분이 좋고, 조곤조곤 차분한 말투로 구체적인 칭찬의 말을 담은 댓글을 보면 그 정성에 감탄하게 된다. 그러면서 '이렇게도 칭찬할 수 있구나', '이런 상황에는 이런 표현을 쓰는 게 더 적절하겠구나', '이 사람이 듣고 싶었던 칭찬은 이런 거겠구나' 같은 생각을 하게 된다. 칭찬에 대한 새로운 안목이 생기는 거다.

그렇게 기분 좋은 댓글은 내 일기에도 달린다. 나를 위해서 나를 칭찬하는 일기를 쓴 건데, 내 일기를 본 사람들도 나를 칭찬해준다. 누군가의 칭찬을 바라고 쓴 일기는 아니지만 뜻하지 않은 칭찬 선물을 받으니 기분이 좋다.

힘든 일이 있을 때는 대신 화내주고, 기쁜 일이 있을 때는 같이 신나해주는 커뮤니티에서는 슬픔이 반으로 줄고 기쁨이 배로 늘어난다. 받은 게 많으면 나누고 싶은 마음이 커지는 법. 칭찬일기 모임에서 가장 좋은 나눔은 '칭찬'이다. 자연히 칭찬의 선순환이 일어나며 참여자 모두가 칭찬

복리 효과를 누리게 된다.

칭찬일기 모임은 신규 모집을 열 때마다 50퍼센트가 넘는 재신청률을 보일 정도로 멤버들의 만족도가 높았다. 이유는 크게 두 가지였다. 칭찬일기를 쓰는 경험 자체가 좋았다는 것. 그걸 여러 사람과 함께 쓰는 경험이 좋았다는 것. 대부분의 멤버가 만족도를 표현할 때 칭찬일기로 인한 변화만큼이나 멤버들과 주고받은 영향에 대해 이야기했다.

뭐든 잘하고 싶은 게 있다면 많이 경험해보고 많이 따라 해보라고 하지 않나. 칭찬도 마찬가지다. 칭찬을 잘하고 싶으면 다른 사람들이 어떻게 칭찬하는지 많이 살펴보고 칭찬하는 연습을 많이 하면 된다. 칭찬 연구소이자 칭찬 연습장으로서 칭찬일기 모임은 아주 훌륭한 둥지였다.

●

칭찬일기 모임을 이끌면서 나는 이상적인 모임을 만들려면 세 가지 조건을 갖춰야 한다는 걸 알았다.

첫째, 주제. 사람들이 흥미로워할 만한 관심사를 주제로 제시하는 건 모임 기획에 있어 매우 기초가 되는 전제다.

Date...

칭찬일기 모임에서 내가 제시한 주제는 '셀프 칭찬'이었다. 대다수의 멤버가 셀프 칭찬이라는 주제에 이끌려 참여 결정을 하게 되었다고 말했다. 늘 누군가의 칭찬만 바라다가 스스로 칭찬하는 법을 몰랐다는 걸 깨달았다는 사람, 셀프 칭찬을 하며 있는 그대로의 자신을 받아들이고 싶었다는 사람, 스스로 채찍질하는 걸 멈추고 이제는 좀 다정해지고 싶었다는 사람, 매일 소소한 행복을 느끼는 법을 배우고 싶었다는 사람 등. 표현은 조금씩 달라도 멤버들은 '셀프 칭찬'이라는 주제를 접하고 스스로를 소중히 대하는 법을 기대하며 모임에 참여했다.

둘째, 과제. 참여자에게 너무 쉽지도 너무 어렵지도 않은 적당한 수준의 과제를 줘야 한다. 과제가 어려우면 시도를 주저하게 되고 과제가 너무 쉬우면 금세 흥미를 잃고 이탈하기 마련이다. '한 달 동안 주 5일 칭찬일기 쓰기'는 일상 루틴을 유지하는 선에서 부담 없이 시작할 수 있는 과제였다. 매일 10분 이상 꾸준히 해야 한다는 점에서 그리 쉽지 않으면서도 한 달 동안 잘 해냈을 때 성취감을 크게 느낄 수 있는 리추얼이었다.

셋째, 사람. 참여자끼리 서로에게 호기심을 느껴야 한다.

모임 만족도는 결국 사람과 사람 간의 상호작용으로 좌우된다. 주제와 과제가 얼마나 매력적이냐와는 별개로 그걸 누구와 하느냐가 중요하다는 말이다. 어떤 이유로든 내가 궁금해하는 사람, 친해지고 싶은 사람, 나와 잘 맞을 것 같은 사람, 혹은 나에게 다정하게 대해주는 사람이 한 명이라도 있으면 모임 활동이 즐거워진다.

모임 이끎이로서 나는 세 번째 조건에 신경을 많이 썼다. 매 시즌 시작에 앞서 온라인 밋업을 열어 자기소개를 하도록 하고, 마니또를 뽑았다. 누군가에게 호기심을 느끼려면 먼저 그 사람을 알아야 한다. 그런데 한 시즌에 스무 명씩, 일면식도 없는 사람들이 모이면 호기심은커녕 이름과 얼굴을 매치하기도 벅차다. 그래서 모임 기간 동안 일대일 '비밀 친구'를 만들어줬다. 다른 사람은 몰라도 내 마니또가 어떤 사람인지는 알아가도록, 마니또에게만큼은 다정하게 대해주자는 취지로 만든 제도였다.

온라인 마니또가 처음이었던 멤버들은 비밀스럽게 잘해주려면 어떻게 해야 할지 어려워했지만 이내 각자의 방식을 찾았다. 마니또의 칭찬일기를 빼놓지 않고 챙겨 읽고

Date...

좋아요 버튼을 누르는 것, 다른 사람에게보다 조금 더 정성스러운 댓글을 남기는 것이면 충분하다고 생각했지만 나의 예상을 뛰어넘고 과몰입해주는 멤버들이 생겼다. 다른 사람에게 부탁해서 선물을 전하기도 하고, SNS 친구를 맺고 게시물에 제일 먼저 반응을 남기기도 하고, 자연스럽게 오프라인 만남을 가지기도 했다. "내가 당신 마니또다!"라고 박력 있게 공표한 뒤 대놓고 잘해주는 사람도 있었다.

마니또 제도의 백미인 마니또 공개는 시즌 마지막 밋업에서 했다. 한 달 동안 칭찬일기를 봐온 멤버들은 어느새 서로를 '랜선 내 편'이라 부를 정도로 친해져 있었다. "내 마니또는 이런 사람이에요"라고 칭찬하거나 "내 마니또가 이런 일들을 해줬어요"라고 자랑하는 시간이 정말 즐거웠다. 한 멤버는 최근에 힘든 일이 많았던 마니또에게 선물하고 싶다면서 짧은 그림책을 읽어주기도 했는데, 그 내용이 너무 감동적이라 랜선 눈물바다가 된 일도 있었다.

마니또 핑계로 모임 바깥으로 관계를 확장한 멤버도 여럿이다. 여러 시즌을 함께한 멤버들은 따로 모임을 만들어 종종 만나고 있다는 소식을 전해주기도 했다. 모임을 졸업한 후에도 연락하고 지내는 지인 한 명 정도 얻어 갔으면

했던 나의 바람이 이루어진 것 같아 뿌듯했다. 내가 한 작은 노력에 비해 몇백 배 진하게 감응해주는 멤버들이 있었던 덕분이다.

칭찬일기 모임을 운영하면서 가장 보람찬 순간은, 칭찬일기를 경험한 멤버들이 주변 사람들에게 좋은 영향을 주는 모습을 보는 거였다. 혼자 모임에 참여한 뒤 다음 시즌에는 친구를 데려오거나, 연인과 칭찬일기를 쓰기 시작했다거나, 가까운 사람들과 칭찬일기 모임을 만들었다는 소식이 들리면 그렇게 반가웠다.

그중에서도 가장 반가운 소식은 어린이들의 칭찬일기 모임이었다. 초등학교 담임선생님이었던 멤버가 셀프 칭찬 경험을 학급 아이들에게 나눠주기 위해 새로운 수업을 시도한 것이다. 시작은 '나 자신을 칭찬하기'라는 주제의 짧은 글쓰기 수업이었다. 의외로 많은 아이가 스스로를 칭찬하는 걸 어려워하더란다. 아이들이 고민 끝에 적어낸 글에 부모님께 받은 칭찬을 옮겨 적는 게 많았다는 얘기를 듣고 좀

Date...

___

놀랐다. '아이들도 셀프 칭찬이 어렵구나. 어른들만 어려워하는 게 아니었구나' 싶었다.

훌륭한 선생님을 만나 아이들은 매주 셀프 칭찬 글쓰기 수업에 참여했다. 수업 회차가 거듭될수록 아이들은 스스로를 칭찬하는 데 익숙해졌다고 한다. 아이들의 칭찬은 이런 것이었다.

"아침에 학교에 지각하지 않은 나를 칭찬해."
"설거지를 할 수 있는 나를 칭찬해."
"친구네 집에 놀러 가서 신발 정리한 나를 칭찬해."
"나는 나를 칭찬해. 다음에도 칭찬할 일을 많이 하자, 파이팅!"

선생님이 공유해준 아이들의 칭찬일기를 보자 가슴이 뻐근해졌다. 나의 어린 시절에는 경험하지 못한 학습을 하는 아이들에게 부러움 섞인 감동이 일었다. 아이들의 칭찬을 본받아 나에게도 칭찬을 해주고 싶다.

"칭찬일기 모임을 만든 나를 칭찬해."
"칭찬 책을 쓰고 있는 나를 칭찬해."

"나는 나를 칭찬해. 앞으로도 칭찬할 일을 많이 하자, 파이팅!"

지금 할 수 있는 일,

칭찬일기 모임을 만들어보세요.

- 친구, 연인, 가족 등 가까운 사람에게 나의 칭찬일기를 공개해보세요.
- 친해지고 싶은 사람들을 모아 칭찬일기 모임을 만들어보세요.

04 | **전국 자기 자랑 대회**

공식적인 셀프 자랑 타임의 필요성

지긋지긋한 허리 통증이 재발했다. 오랜 시간 앉아서 일하는 이상 피하기 어려운 고질병이다. 집 근처 작은 정형외과를 찾았다. 엑스레이 촬영 결과를 본 의사는 디스크가 의심되니 큰 병원에 가서 MRI를 찍어보라고 했다. 그 무렵 진통제 없이는 잠들기 어려웠으므로 '올 것이 왔구나' 하는 생각과 '믿을 수 없다'는 생각이 교차했다. 다른 병원에 가서 MRI를 찍고 디스크 진단을 받았다. 의사는 처음 들어본 종류의 비수술적 척추 치료법을 권했다. 비용이 상당했다. 요통이 두통으로 이어졌다. 마지막이라는 생각으로 또 다른 병원을 찾았다. 요추전만증이라는 진단을 받았다. 허리가 앞으로 과하게 휘어서 생긴 통증이라며 의사는 꾸준한 자세 교정 치료를 권했다. 요즘은 누구나 이 정도의 디스크 위험은 가지고 있다고, 수술이나 시술 권유는 과잉 진료라는 말을 덧붙이며.

2개월 동안 이 병원 저 병원 다니며 나는 '디스크일지 모른다'는 불안으로 일상을 제대로 영위하기 힘들었다. 행여나 디스크가 터질까봐 움직임 하나하나에 신경을 곤두세우고, 좋다는 병원을 수소문하고, 온갖 정보를 정독하고, 허리 건강 유튜브를 찾아봤다. 통증은 진통제로 달랠 수 있었지만 불안은 달랠 길이 없었다. 이래서 '디스크 블루'라는 말이 생긴 거구나 싶었다. 알고 보니 디스크가 아니었지만 말이다.

나이가 들수록 정신 건강이 신체 건강에 지배당하는 날이 많아짐을 느낀다. 제때 제대로 관리했더라면 좋았으련만, 나는 뒤늦은 개선을 다짐하기보다는 애꿎은 몸을 탓했다. 조금만 기름진 걸 먹어도 탈 나는 예민한 장을, 몇 년 동안 멀쩡하다가 별안간 아픈 사랑니를, 매번 예고 없이 들이닥치는 편두통에 당하는 왼쪽 머리를, 스트레스 좀 받았다고 돌 굴러가는 소리를 내며 어지럼증을 일으키는 달팽이

관을 미워했다. 각종 암과 당뇨, 고혈압, 중풍, 치매 등 화려한 가족 병력을 현실적인 압박으로 느꼈다. 그러던 어느 날 고모를 만났다.

환갑을 앞둔 고모는 10년 전 폐암 수술을 하고 2년 전 갑상선암 수술을 했다. 나처럼 가족 병력을 의식하며 건강검진을 열심히 한 덕분에 두 가지 암 모두 조기 발견해서 조치할 수 있었다. 갑상선암은 종양이 한쪽 끝에만 있어서 갑상선을 반만 떼어내고 반은 살릴 수 있었다면서, 고모는 본인이 믿는 신께 감사했다.

고모는 임플란트 수술도 일곱 번이나 했다. 큰 스트레스가 몰려오자 급격히 상태가 안 좋아지더란다. 최근 부쩍 치아 건강이 신경 쓰이던 참이라 고모 일이 남 일 같지 않았다. 같이 듣고 있던 아빠도 그랬는지, 오랜만에 만난 여동생을 딱해하는 동시에 자기 신세를 한탄했다. 청년 시절 앞니 깨지는 사고만 없었어도 틀니 할 일은 없었을 거라는 푸념이었다. 가만히 듣던 고모가 말했다.

"오빠, 그런 일 없었어도 우리 나이 되면 다들 틀니 하고 임플란트 하고 그래."

고모의 '팩트 폭격'에 웃음이 터졌다. 아빠도 머쓱했는지 "그런가?" 하면서 허허 웃었다. 고모는 늘 그런 화법을 구사했다. 심각하게 받아들이면 엄청 심각해질 수 있는 문제도 대수롭지 않은 일인 양 넘기면서 정말 대수롭지 않은 일이 되도록 만드는 기술이다. 건강 문제를 대하는 태도에도 그 기술이 드러났다. 늙고 병드는 걸 당연한 이치로 받아들이면서도 할 수 있는 최선의 관리를 하는 거다. 위 세대의 화두인 줄로만 알았던 노화를 나의 일로 인정하고 있는 내가 닮고 싶은 어른의 모습이었다.

어릴 적부터 긍정적이고 시원시원한 성격의 고모를 닮고 싶어 했는데, 보고 자란 게 있으므로 어쩌면 어느 정도 그런 건강함을 닮았다는 생각이 들었다. 또 어떤 부분이 닮았을까. 내친김에 고모와 아빠에게 건강한 부분을 자랑해 달라고 했다. 손발이 따뜻하다는 게 가장 먼저 나온 자랑이었다. 한겨울에도 수족냉증 걱정할 필요 없고, 기초체온이 높아 면역력이 좋은 편이라고. 할아버지 닮아 머리숱 많고 모질이 튼튼하다는 자랑, 할머니 닮아 피부가 좋다는 자랑도 나왔다. 나 역시 가지고 있는, 나이 들어서까지 자랑하고 싶은 건강함이었다.

Date...

잘못된 칭찬의 예시를 말할 때 흔히 '가진 것'을 칭찬하지 말라고 한다. '예쁘다', '날씬하다', '키가 크다', '똑똑하다', '부유하다' 같은 말은 좋은 칭찬이 아니라는 거다. 노력하지 않고도 자연히 부여받아 누리는 것에 대한 긍정적인 언급이 많아지면 비뚤어진 사회적 분위기가 만들어진다. 완벽한 외모, 훌륭한 재능, 부유한 재력이 있어야 행복해지는 거라고 믿는다. 가지지 못한 사람들은 가진 사람들을 부러워하며 불행감을 느끼고, 가진 사람들은 우월감을 느낀다.

그렇다면 가진 것에 대한 칭찬은 모두 나쁜 걸까? 여기서 핵심은, 칭찬이라는 도구로 모두가 같은 것을 욕망하게 만들어서는 안 된다는 사실이다. 사람은 저마다 다른 외모, 다른 재능, 다른 환경을 가지고 태어났기에 개개인이 존중받아야 마땅하다. 예쁘고 날씬하고 키가 크고 똑똑하고 부유해야 사랑받을 수 있다는 편견을 만드는 세상이 나쁜 거다. 그래서 나는 모두가 다르게 가지고 태어난 것을 당당하게 자랑하면 좋겠다. 내가 가진 것을 잊지 않고 소중히 여기기 위해, 내가 가지지 못한 것을 부정적으로 의식하게 만드는 세상에 저항하기 위해.

나는 장이 약한 대신 위가 튼튼한 편이다. 건강검진 때마다 하는 위내시경에서 그 흔한 위궤양 한번 발견된 적이 없다. 또 허리가 약하지만 하체가 튼튼하다. 어릴 때는 '하비(하체 비만)'라는 말이 만들어낸 콤플렉스에 당했지만 지금은 그렇지 않다. 종아리가 제2의 심장이라고 하니 나는 심장이 세 개인 셈이지 않나! 월경주기가 정확하고 월경통이 심하지 않다는 것, 월경전증후군도 예측하고 대응 가능한 수준이라 일상생활에 큰 지장이 없다는 것도 생물학적 여성으로서 흔치 않은 복이라는 걸 안다.

이런 발견이 반가워 한동안 지인들을 만날 때마다 물었다. 당신의 타고난 건강함은 무엇이냐고. 누구는 몽골인 수준의 시력을 자랑했고, 누구는 뛰어난 후각·미각·청각을 자랑했다. 누구는 무거운 물건을 거뜬히 드는 힘을 자랑했고, 누구는 어린이와 12시간 놀아도 지치지 않는 체력을 자랑했다. 누구는 정신적 회복 탄력성을 자랑했고, 또 누구는 정상 범위의 공복 혈당을 자랑했다. 여럿이 모인 자리에서는 누가 어떤 자랑거리를 말하든 부럽다는 감탄사 리액션이 나왔고, 자랑거리를 말하지 못하는 사람은 아무도 없었다. 자기 자랑 대회는 1등이 없었다. 모두가 1등이었다.

Date...

전에 일하던 조직에서는 주간 회의를 시작하기 전에 '굿 앤드 뉴$^{Good\ and\ New}$' 시간을 가졌다. 굿 앤드 뉴는 한 동료가 《나는 아침마다 삶의 감각을 깨운다》라는 책에서 인상 깊게 본 대목이라고 알려준 것으로, '좋은 일'이나 '새로운 일'을 말하면서 부정적인 감정을 환기하는 방법이다. 감정 관리는 물론 친밀성 형성에도 좋은 방법이라는 생각에 "우리도 해보자"라고 제안했고, 효과는 기대 이상이었다.

한 주 동안 일어난 굿 앤드 뉴를 돌아가며 말하다보니 일 얘기만 할 때는 나오지 않던 재밌는 대화 주제가 나타났다. '좋은 일'이나 '새로운 일'을 말하려고 하면 최근에 일어난 자랑할 만한 일이 무엇인지 생각해보게 된다. 그러면 자연스럽게 평소와 다른 '근황 토크'를 하게 된다는 점이 좋았다. "주말에 뭐 했어요?" 같은 고루한 질문 없이도 동료들은 자연스럽게 일터 바깥의 일상을 드러냈다. 분위기가 밝아질 수밖에 없었다. "자, 그럼 회의 시작할까요?"라는 말과 함께 웃음이 뚝 끊기더라도, 그 상황이 재미있어 또 '풉' 웃으며 기분 좋게 회의를 시작할 수 있었다.

굿 앤드 뉴는 여럿이 모인 티타임이나 회식 자리에서도 유용했다. 서로 데면데면한 사이거나, 특정인이 발언을 독식하거나, 놀자고 모였는데 일 얘기를 잔뜩 하거나, 누군가가 소외감을 느낄 만한 주제로 대화하거나, 지루해서 하품이 나는 얘기를 그만 듣고 싶을 때마다 나는 굿 앤드 뉴 카드를 꺼냈다. "우리 굿 앤드 뉴 할까요?"라고. 그러면 언제나 마법처럼 분위기를 전환할 수 있었다.

공식적인 셀프 자랑 타임을 만들 때 내가 가장 중요하게 여기는 규칙이 하나 있다. 한 사람씩 돌아가며 모두에게 동등한 발언 기회를 주는 것이다. 그래야 여러 사람 앞에서 말하는 걸 어려워하는 사람도 편하게 자기 이야기를 할 수 있다. 자기 차례가 왔을 때 자기 몫의 발언을 하는 걸 '규칙'으로 인지하면 굿 앤드 뉴 같은 형식을 빌리지 않아도 자기 자랑 대회를 열 수 있다는 걸, 나는 커뮤니티 활동에서 배웠다.

뉴그라운드 커뮤니티에는 주기별로 새 멤버가 들어온다. 커뮤니티 적응을 돕기 위해 첫날 '웰컴 밋업'을 열어 인사를 나누는데, 그때 자기소개와 함께 셀프 자랑 타임을 가

Date...

진다. 그러면 별의별 자랑이 다 나온다. 네이밍 잘하는 재주가 있으니 일하다가 이름 짓기 때문에 막히면 자기를 찾아달라는 사람, 쿨한 결단력이 자랑이라 우유부단한 사람을 도울 수 있다는 사람, 연애 타로를 잘 보니까 연애사가 잘 안 풀리면 연락 달라는 사람 등등. 처음에는 머쓱해도 금세 '자랑 모드'에 적응해 모두 미소를 머금고 대화에 임하는 모습을 보면 한껏 더 밝은 미소를 짓게 된다.

그중 내가 가장 좋아한 자랑은 '박수 소리가 크다'는 자랑이었다. "저는 누구보다 큰 박수 소리를 낼 수 있습니다"라는 자랑 고백에 모든 멤버들이 '빵' 터졌던 순간을 기억한다. 너무나 사소한 자랑이라 웃기면서도 '나도 잘할 수 있을 것 같은데?' 싶어 은근히 경쟁심이 생기는 자랑 아닌가! 아니나 다를까 그 자리에서 즉시 "저도 한 박수 치는데요" 하면서 대결에 등판하는 멤버들이 나타났고, 얼마 후에 열린 오프라인 모임에서 뉴그라운드배 '박수 소리 자랑 대회'가 열렸다. 다 큰 어른들이 너도나도 큰 박수 소리를 내겠다고 애쓰는 모습을 상상해보라. 손바닥과 손바닥 사이의 공기 밀도를 신경 쓰며 부딪치는 소리들을.

그 모든 소리를 가르며 쩌렁쩌렁하게 울리는 압도적인

소리가 있었으니, 소리의 진원은 바로 박수 소리를 처음 자랑한 멤버의 두 손바닥이었다. 그의 옆자리에 앉은 이는 고막이 터지는 줄 알았다며 귀를 막았고, 다른 이들은 가히 자랑할 만한 재주라며 그에게 박수를 보냈다.

그 뒤로 뉴그라운드에서는 누군가에게 축하할 일이 생기면 크게 박수를 친다. "우리 박수 한번 칠까요?"라는 멘트로 '신호'를 보내면 모두 다 같이 힘껏 손뼉을 부딪쳐 우렁찬 박수갈채를 보낸다. 무척 사소한 축하일지라도 말이다.

누군가가 자신의 자랑거리를 말하고, 주변 사람들이 축하나 응원이나 칭찬을 해주는 장면을 나는 무척 좋아한다. 자랑한 사람도 축하한 사람도 모두가 진심으로 기뻐하는 그 순간의 에너지가 참 좋다.

'자기 자랑 대회'를 몇 번 해보고 느낀 건, 이 대회는 참가자가 많을수록 재미있고 의미 있다는 것이다. 타인의 자랑거리를 '정면교사' 삼아 자신의 자랑거리를 찾게 되는데, 그러는 사이 나도 모르게 그동안 의식하지 않던 나의 어떤 부분을 긍정하게 되기 때문이다.

자기 자랑 대회가 전국 단위로 열리는 상상을 해본다. 공

Date...

___

식적으로 멍석을 깔아주면 얼마나 많은 참가자가 나타날까? 그때는 나도 '박수 소리가 크다'처럼 사소하고도 멋진 자랑 거리를 내놓고 싶다.

지금 할 수 있는 일,
자기 자랑 대회를 만들어보세요.

___

- 내가 가진 사소하고도 멋진 자랑거리를 떠올려보세요.
- 주변 사람들과 자기 자랑 대회를 열어보세요.

Date...　　　Chapter... 04

칭찬으로 더 나은
내가 되는 법

01 | 칭찬에 대한 믿음과 의심

칭찬은 무조건 좋은 걸까?

여섯 살 때 나는 한글을 읽을 줄 몰랐다. 집에 있는 동화책들을 그림으로만 보던 어느 날, 일곱 살짜리 동네 언니가 놀러 와 동화책을 읽어줬다. 나는 웃었고, 그 모습을 본 할머니는 웃을 수 없었다. 조손 가정의 주 양육자였던 할머니는 다음 날 내 손을 잡고 집 근처 속셈 학원에 갔다. 빨리 한글을 떼야 학교 가서 놀림받지 않을 거라고 생각하신 거다. 유치원이 아닌 속셈 학원에서 사회생활을 시작한 어린이는 다행히 배움이 빨랐다. 초등학생 언니 오빠들과 경쟁하는 받아쓰기 대회(왜 이런 경쟁을 시켰는지 모르겠지만)에서 만점을 받아 간 날, 할머니는 비로소 안도의 미소를 지었다.

하지만 그 미소는 오래가지 못했다. "손녀분이 그림에

소질이 있어요. 미술 학원에 보내서 제대로 가르쳐보시면 어떨까요?"라고 말하는 원장 선생님 앞에서 할머니의 얼굴에는 기쁨과 곤란함이 교차했다. 학원을 두 군데나 보낼 수 있는 형편이 아니었다. 눈치 빠른 어린이는 미술 학원에 다니고 싶냐는 물음에 고개를 가로저었다. 그래도 미술 학원에 다닌 친구들만큼 그림을 곧잘 그렸고, 초등학교 입학 후 그림 대회에서 수상하는 경사가 일어났다. 상장과 메달을 책가방에 소중하게 넣고 집까지 달려가는 동안 내 머릿속에는 온통 할머니 생각뿐이었다. 할머니를 기쁘게 해드리고 싶었다.

"할머니! 좋은 소식 하나랑 안 좋은 소식 하나가 있어요. 뭐부터 들려줄까요?"

"우리 손주가 학교에서 무슨 소식을 가져왔을까? 좋은 소식부터 듣자!"

"그림 대회에서 상 받았어요!"

"아이고, 장해라! 잘했다, 잘했어. 어디 보자."

"여기요! 상장이랑 메달도 있어요! 그런데 안 좋은 소식은 뭐냐 하면…… 은상을 받았어요. 금상을 받지 못해서 미안해요."

Date...

　상의 색깔은 중요하지 않다고, 은상도 무척 큰 상이라고, 대단한 걸 해낸 거라고 말하며 할머니는 내 목에 메달을 걸어주었다. 할머니가 기뻐하는 모습을 본 뒤에야 나도 마음 놓고 기뻐했다. 그때 내 꿈은 화가였다. 하지만 할머니가 화가는 가난하게 산다고 했기 때문에 어떻게 해야 하나 조금 혼란스러웠다.

　할머니는 내게 칭찬을 아끼지 않았다. "잘했다", "대견하다", "기특하다", "똑똑하다", "영리하다", "자랑스럽다" 등등……. 나는 할머니를 기쁘게 해드리기 위해서, 할머니의 자랑이 되기 위해서, 할머니에게 인정받기 위해서 공부했다. 할머니의 기대에 걸맞은 성적표와 수많은 상장을 집으로 가져갔다.

　고학년이 되어서는 통일 표어 짓기 대회에서 상을 받았다. 육이오전쟁 때 월남해 가족 잃은 슬픔을 안고 살던 할머니에게 꼭 안겨드리고 싶은 상이었다. "남북통일 이룩하여 금강산에 소풍 가자"라는 표어를 선물한 날로부터 얼마 후, 금강산 관광길이 열린다는 뉴스가 나왔다. 어른이 되면 금강산에 소풍 보내드리겠다고, 내가 호강시켜주겠다고 호언장담을 했다. 그때 내 꿈은 부자였다. 하지만 곧 할머니가 세상을 떠났기 때문에 나는 앞으로 무엇을 꿈꿔야 할지 몰라 많이 혼란스러웠다.

칭찬은 내게 너무 당연한 일상이었다. 할머니가 늘 내 곁에 있었던 것처럼. 그러나 할머니가 떠난 뒤 칭찬도 함께 떠나갔다. 칭찬의 상실은 동기의 상실로 이어졌다. 칭찬해주는 할머니가 없으니 1등을 해야 할 이유가 없어진 것이다. 그렇게 의욕 넘치던 어린이는 시들한 청소년기를 보냈다.

산책을 하다가 종종 문구점에 들어간다. 어린이들이 좋아하는 물건들을 구경하다보면 어린 시절이 떠오르며 괜스레 기분이 좋아진다. 거기에는 "참 잘했어요"라는 문구가 적힌 칭찬 도장도 있다. 열심히 숙제를 해 간 날 선생님이 칭찬 도장을 쿵 찍어주면 그렇게 신이 났다. 별 다섯 개짜리 칭찬 도장을 받은 날은 다섯 배로 신이 났다.

그런데 내가 느꼈던 기분과는 별개로, 그런 칭찬이 교육 관점에서는 그다지 좋은 방법이 아니라고 한다. 타고난 재능이나 행동에 대한 성과를 지속적으로 칭찬했다가는 의도치 않은 역효과를 유발할 수 있다는 사실이 익히 알려져 있다. EBS 다큐프라임 〈칭찬의 역효과〉라는 방송에서는 이를 증명하는 실험을 했다.

두 그룹의 아이들이 선생님과 일대일로 앉아 문제 풀이를 한다. A 그룹 아이들은 문제를 푸는 동안 재능과 성과를 칭찬받았다. "잘한다. 머리 좋네", "어려운 문제였는데 머리가 좋은 편이구나", "똑똑하네. 문제 금방 이해했네" 같은 말이었다. B 그룹 아이들은 노력과 태도를 칭찬받았다. "어려운 문제를 풀려고 끝까지 노력하는구나", "중간에 어려운 문제도 있었는데 침착하게 참 잘 푸네" 같은 말이었다.

다음 단계에서 더 어려운 문제를 풀지, 이전과 비슷한 난이도의 문제를 풀지 선택의 기회가 왔을 때 B 그룹 아이들은 밝은 표정으로 어려운 문제에 도전 의지를 보였다. 그러나 A 그룹 아이들은 주저하며 비슷한 문제를 택했다. 선생님의 칭찬에 압박감을 느끼고 새로운 도전을 피한 것이다.

끝이 아니다. 두 번째 단계를 마친 뒤 B 그룹은 다음에 더 잘하기 위해 문제 풀이 방법을 보고 싶다고 선택한 반면, A 그룹은 문제 풀이 방법에는 관심 가지지 않고 다른 친구들의 점수를 보고 싶어 했다. 자신이 몇 등을 했는지 너무 궁금하다면서. 가볍게 건넨 '똑똑하다'는 칭찬이 도전 의식을 낮추고 경쟁의식은 부추기는 결과로 이어진다는 걸 보여주는 장면이었다.

    칭찬이 자신감을 높여준다는 정설은 반은 맞고 반은 틀리다. 실험에 따르면 칭찬의 내용이 무엇이냐에 따라 결과가 달라진다는 걸 알 수 있다. 노력과 태도에 대한 칭찬은 자신감을 높여주지만, 재능과 성과에 대한 칭찬은 오히려 자신감을 떨어뜨린다. 똑똑하다는 칭찬을 받았을 때 A 그룹 아이들은 하나같이 곤란한 표정을 지었다. 칭찬을 기쁘게 받지 못하고, 선생님을 실망시키지 않으려는 선택을 했다. 상대를 위해 건넨 마음이라도 받는 이는 부담을 느낄 수 있다. 순수한 의도로 하는 칭찬도 그러할진대, 일부러 동기부여하려는 목적을 가지고 칭찬하는 경우는 어떨까.

    또 다른 실험이다. 초등학생 여럿이 독서를 한다. 아이들은 책 한 권을 다 읽을 때마다 선생님께 가서 칭찬 스티커를 받을 수 있다. 어떤 광경이 펼쳐졌을까? 예상대로 아이들은 칭찬 스티커를 많이 받기 위해서 책을 대충 빠르게 읽었다. 그뿐만 아니다. 대다수의 아이들이 초등학생 수준에

Date...

맞지 않는 쉬운 그림책을 골라 읽었다. 칭찬 스티커가 주객을 전도한 것이다.

칭찬을 보상으로 사용하면 분명한 역효과가 따른다. 칭찬 스티커나 칭찬 도장처럼 좋은 습관을 만들어주기 위해 활용되는 보상도 마찬가지다. 보상형 칭찬이 지속되면 정서적 충족은 결여되고, 과정과 방법에 상관없이 결과만 좋으면 된다는 그릇된 사고를 가지게 된다.

실험에서 칭찬 스티커를 가장 많이 모은 아이에게서 독서의 즐거움은 보이지 않았다. 책을 한가득 쌓아놓고 1분만에 휙휙 넘겨 읽은 뒤 보상을 받으러 다급하게 뛰어갔다. 반면, 스티커 모으기에 관심이 없었던 아이는 느긋하게 제 수준에 맞는 책을 고르고 자기 속도대로 천천히 책을 읽었다. 칭찬을 보상으로 쓰느니 차라리 아무런 칭찬도 하지 않는 편이 낫다는 걸 보여주는 장면이었다.

이 책을 구상할 때부터 고민했다. 나는 칭찬을 주제로 어떤 이야기를 할 수 있을까. 칭찬은 좋은 거니까 모두들 이 책을 읽고 칭찬 마스터가 되자고 해야 하나. 칭찬의 기술을 익히는 사람이 주변에 많아지면 행복할까. 고민이 깊어질수록 마음이 불편했다. 빨리 쓰고 싶다는 마음과 책을 내는 게 과연 옳은 일인지 모르겠다는 모순이 싸웠다. '칭찬은 좋은 거!'라는 믿음과 '과연 좋은 걸까?'라는 의심이 끊임없이 충돌했다.

그 바탕에는 오랜 세월 나도 모르게 영향받은 "칭찬은 고래도 춤추게 한다"라는 말이 있었다. 칭찬은 고래도 춤추게 하니까 누구나 어떤 칭찬이든 받으면 좋아할 거라는 편견이 있었고, 칭찬은 고래도 춤추게 하니까 칭찬을 이용하면 누군가에게 긍정적인 자극을 줄 수 있다는 오만이 있었다. 그럼에도 칭찬을 '무조건 좋은 거'라고 말할 수 있을까? 피하기 어려운 오만과 편견을 감수할 만큼?

뒤집어서도 생각해봤다. 칭찬 입장에서는 조금 억울하지 않을까. 인간은 고래가 아닐뿐더러, 고래도 함부로 조련해서는 안 된다는 걸 간과한 인간의 과오를 칭찬이 뒤집어쓴 건 아닐까. 문제 원인이 잘못된 의도와 그 쓰임에 있는 거라면, 칭찬 자체가 나쁘다고는 할 수 없지 않나. 그렇다면 무조건 좋다고 할 수도 없지만 나쁘다고도 할 수 없는 노릇이다.

Date...

    칭찬에 대한 믿음과 의심이 충돌할 때 나는 두 가지를 점검한다. 칭찬에 담긴 의도와 그 칭찬에 따르는 작용이다. '칭찬에 담긴 의도'는 칭찬하는 이의 의도다. 상대를 변화시키기 위해, 자신이 원하는 것을 얻기 위해, 비교 경쟁을 부추기려고 하는 칭찬에는 진정성이 없다. 칭찬을 통제의 수단으로 이용하면 어떤 식으로든 역효과가 일어나게 되어있다. '칭찬에 따르는 작용'은 칭찬받는 이에게서 일어난다. 아무리 좋은 의도라 한들 받는 쪽에서 그렇게 느끼지 않으면 소용이 없다. 상대가 불편감을 느끼거나 칭찬으로 인해 원치 않는 결과에 이르렀다면 좋은 칭찬이라 할 수 없다. 판단은 칭찬받는 쪽의 몫이다.

    어린 시절 내가 받은 칭찬은 어떨까. 칭찬 상실이 동기 상실로 이어졌으니 할머니의 칭찬은 나쁜 칭찬이었던 걸까? 글쎄. 성적에 대한 욕심은 사라졌지만 내게는 배움의 즐거움이 남았다. 싫어하는 과목까지 억지로 공부하는 시간을 아껴 좋아하는 과목에 마음껏 몰입했다. 등수에 연연하지 않고 좋아하는 걸 더 잘하려고 노력했다. 그렇게 내 안에서 생겨난 동기에 귀 기울이는 법을 배웠다.

    할머니에게 가장 많이 받은 칭찬은 "잘했다"와 "똑똑하다"였다. 그렇다면 재능과 성과에 대한 칭찬이 나를 나쁜 사람으로 만들었을까? 아니. 나는 할머니께 받은 큰 사랑 덕분에 씩씩한 어른으로 자랐다고 당당히 말할 수 있다. 기술적으로는 다소 서툴렀을지 몰라도, 원치 않았던 상실의 상처를 안겼더라도, 할머니의 칭찬에는 넘치도록 가득한 관심과 사랑이 있었다.

할머니의 칭찬처럼 나에게 와서 의미 있게 작용한 칭찬에는 하나같이 따뜻한 관심과 사랑이 담겨 있었다. 구체적인 언어로, 진실한 눈빛으로, 사랑받았다는 느낌으로 잔상을 남기는 칭찬이었다. 칭찬으로 하여금 대단한 효과를 바라는 의도라고는 전혀 느껴지지 않는 칭찬이었다.

이제 좀 알 것 같다. '칭찬은 좋은 거니까 모두 칭찬 마스터가 되자'는 이야기를 하고 싶어서 이 책을 쓰고 있는 게 아니다. 칭찬이라는 제시어를 두고 다양한 이야기를 나누고 싶다. 우리에게 칭찬이 왜 필요한지, 좋은 칭찬과 나쁜 칭찬은 뭐라고 생각하는지, 타인에게 관심과 사랑을 어떻게 표현해왔는지, 자기 스스로를 대하는 태도는 어땠는지 허심탄회하게 대화하고 싶다. 그리고 혹시 '칭찬은 좋은

Date...

거!'라는 믿음과 '과연 좋은 걸까?'라는 의심이 충돌한다는 분을 만나면 묻고 싶다. 자기 안에 칭찬에 대한 오만과 편견이 있는지 의심해본 적이 있느냐고. 지금까지 어떤 의도를 가지고 칭찬을 해왔는지 같이 살펴보자고.

지금 할 수 있는 일,
칭찬의 역효과에 대해 생각해보세요.

- 칭찬받고 기분이 좋지 않았던 기억을 떠올려보세요.
- 좋은 칭찬과 나쁜 칭찬에 대한 자기만의 기준을 만들어보세요.

02 | 지금은 칭찬할 수 없는 것들

모두 혼자 힘으로 이루었다는 착각

 전 직장 동료들과 연이어 일대일 티타임을 가진 적 있다. 뚜렷한 목적 없이 시작한 대화였는데 이야기를 나누다 보니 왜인지 모르게 동료들이 자기 얘길 털어놓으며 조언을 청했다. 저마다 제각각의 고민이 있었다. 그런데 신기하게도 답해줄 말이 바로바로 떠올랐다. 내가 한 번씩 겪어보고 고민해보고 나름의 결론을 찾은 일이라 동료들이 듣고 싶어 하는 말을 해줄 수 있었다.

 뜻밖의 효능감을 느낀 한편 의아했다. 왜지? 나 왜 이렇게 고민 상담 잘하는 것 같지? 새로운 재능을 발견한 건가 싶은 설렘도 잠시, 이유를 알았다. 내가 '고인 물'이기 때문이었다. 한 일터에서 10년 가까이 일한 데다 총 직장 생활은

Date...

18년 차나 되었으니 모든 일에 빠꼼이가 된 거다.

내가 고인 물이 되다니. 어쩔 수 없이 인정해야 하는 사실 앞에 당혹감도 잠시, 의문이 생겼다. 이 중요한 사실을 왜 이제야 깨달은 거지?

고인 물은 언제나 내가 아닌 다른 동료들이라고 생각했다. 처음 조직에 합류했을 때부터 나는 동료들과 다른 부류였다. 내가 늦게 굴러 들어온 돌이었기 때문이다. 한 조직에서 상대적으로 오래 일한 구성원은 그 조직에 늦게 합류한 구성원보다 높은 위치를 점한다. 직급이나 직책으로 구분되지 않는 위계다. 고인 물들 사이에서 내 눈에만 선명히 보이는 위계를 체감하며 나는 늘 약자라는 생각을 지울 수 없었다. 시간이 흐르면서 나보다 먼저 조직에 있던 동료들이 하나둘 떠나고 새 동료들이 들어온 뒤에도 그 생각은 바뀌지 않았다. 고인 물은 조직에서 높은 위치를 점한다는 걸 누구보다 잘 알고 있었음에도 불구하고, 정작 내가 그 당사자가 될 수도 있다는 가능성을 배제했다. '이 조직에서 나는 약자다'라는 고정관념이 새겨져 객관적 사고를 가로막았던 것이다.

사회에서도 나는 늘 약자였다. 내가 가진 여러 배경이 비주류 쪽에 가깝고, 사회에서 약자 취급 받는 정체성이라는 걸 눈치챈 뒤로 나는 자기 연민을 자양분 삼아 보란 듯이 자립했다. 누구에게 보여주려고 했던 건지는 모르겠으나 누구에게 보여줘도 자랑스러운 삶이었다. 성공한 삶에 대한 욕심이 있었던 건 아니지만 안정적인 삶에 대한 욕구는 강했으므로, 나 정도면 자수성가한 거라고 생각했다. 유년기 결핍과 부모로부터 물려받은 상처를 자가 치유한 것, 역경을 헤치고 늦게라도 공부한 것, 궁핍한 생활을 견디고 내 취향을 가지게 된 것, 직원이 두 명뿐인 곳에서 사회생활을 시작해 내로라하는 직장에 들어간 것, 가난했던 과거를 딛고 누구의 도움도 없이 성장한 것. 이런 것들을 모두 나의 노력으로 이루었다는 게 자랑스러웠다.

자수성가라는 업적은 나 스스로에게 줄 수 있는 최대의 보상이자 최고의 칭찬이었다. 뒤에서 깜빡이는 자아도취 경고등 같은 건 눈에 들어오지 않았다.

《커밍 업 쇼트》에는 나와 비슷한 배경에서 자란 백 명의 미국 노동 계급 청년의 사례가 나온다. 그들 중 대다수는 가정 형편이 어려웠거나 부모로부터 학대당하는 등 힘든 성장기를 거쳤다. 그래서 사회적인 행복 각본을 수행하려면 중상위 계층보다 훨씬 더 큰 노력이 필요한데, 아무리 성실히 살아도 번번이 장애물에 부딪히고 만다. 그들은 나처럼 "자기 힘으로 일군 성과에서 얻는 자기 가치에 사활을" 걸었다.

또한 그들은 "안전한 성인의 삶을 꾸리지 못하도록 가로막는 장애물을 설명할 때 정치를 언급하지 않았"다. 그들이 겪는 고통의 원인이 정치적, 사회적, 제도적, 구조적 문제에 있음에도 "아주 개인적인 층위에서" 자신의 상황을 이야기했다. 그리고 "혼자 힘으로 성공하지 못한 사람들과 자신 사이에 가혹한 경계선을" 그었다. 자수성가 신화에 빠졌던 과거 나의 사고방식도 그들과 다르지 않았다. 은연중에 '능력 있는 나'와 '그렇지 못한 남'을 구분했다. 내가 원하는 성공을 이루지 못했을 때는 나의 능력과 노력이 부족한 탓이라고 생각했다. 구조적 장애물로 인한 고통조차 개인의 능력으로 극복해야 한다는 신자유주의적 메시지에 경도되어 있었다.

주위를 둘러보지 않고 맹목적으로 자신을 향하는 셀프 칭찬은 위험하다. 모두 혼자 힘으로 이루었다는 착각을 부추기기 때문이다. 그런 착각이 지속되면 타인을 경시하게 된다. 자신이 잘 알고 있다고 믿는 것들을 확신한 나머지 잘 알지 못하는 세상을 탐구할 기회를 잃는다. 능력주의에 빠져 세상을 보는 눈이 편협해진다.

아무리 잘났어도 혼자 잘 되는 사람은 없다. 한 사람의 일에도 알게 모르게 주변에서 애써주는 사람들의 노고가 있고, 수많은 우연과 여러 요인이 개입되기 마련이다. 자기연민에 빠져 나 잘난 맛에 도취되었던 나는 그걸 몰랐다. 가난한 내게 일부러 연락해 따뜻한 밥을 사준, 인생의 가르침을 스스로 깨닫도록 기다려준, 힘들 때 선뜻 손 내밀어준, 내게 좋은 일이 생겼을 때 나보다 더 크게 기뻐해준 사람들의 얼굴을 쉽게 잊었다. 그래서 나와 내 능력에만 몰두했고 세상을 보는 시야가 좁아졌다.

지금은 칭찬할 수 없는 과거를 천천히 곱씹으며 다시 자문했다. 내가 이뤄냈다고 믿었던 것들이 과연 나 혼자만의 성과일까? 어엿한 기성세대가 되어서야 분명히 답할 수 있게 되었다. 그 무엇도 혼자 이루지 않았다고. 혼자였던 적이 없기 때문에 이룰 수 있었던 거라고. 앞으로도 무엇이든

Date...

이루고자 할 때 혼자가 아니어서 용기낼 수 있을 거라고.

　셀프 칭찬은 나를 향한 사랑의 표현이다. 사랑에는 사람을 변화시키는 힘이 있다. 내가 가진 다양한 면을 구석구석 사랑해주면 자기혐오를 거두고 있는 그대로의 내 모습을 아끼는 사람이 되어간다. 올바른 가치관을 추구하는 나를 사랑해주면 내가 바라는 이상적인 모습에 점점 가까워질 수 있다. 현시점에 무엇을 칭찬하느냐가 미래의 내 모습을 좌우하는 것이다.

　과거에 나는 내가 가진 것과 이룬 것을 칭찬했다. 지금 나는 가진 것과 이룬 것에 대한 책임감 있는 태도에 대해 생각하고 행동하는 것을 더 칭찬한다. 재능과 소유에 대한 칭찬보다는 태도와 실천에 대한 칭찬을, 개인적인 칭찬보다는 관계 지향적인 칭찬을 일부러 더 하려고 노력한다. 그런 칭찬들이 나를 더 나은 인간이 되도록 도와줄 거라 믿으면서.

　이를테면 전 직장에서 나는 이런 행동들을 칭찬했다.

과거에 내가 느꼈던 것 같은 고립감으로 힘들어하는 동료가 없도록 주변을 살피고 때로는 먼저 손 내밀며 오지랖 부리는 것. 조직에 합류한 지 얼마 안 돼 자신감이 부족한 동료에게 나의 우당탕탕 시절을 말해주며 진심을 담아 응원하는 것. 성과 어필을 어려워하는 동료에게 내가 시도해보고 효과가 좋았던 방식을 알려주는 것. 사이드 프로젝트를 해보고 싶어 하는 동료에게 알맞은 정보와 기회를 제공해주는 것. 소외되는 동료가 없도록 서로 칭찬을 아끼지 않는 문화를 만드는 데 앞장서는 것. 그리고 근무 기간의 차이가 위계를 만들지 않도록 늦게 합류한 동료가 공감하지 못할 만한 발언을 삼가는 것 등등.

돌이켜보니 그것은 내 자리에서 할 수 있는 최선의 다정함을 베푸는 행동들이었다. 그건 혼자만의 노력으로는 선뜻 하기 힘든 행동이기도 했다. 나는 고인 물이라서, 친한 동료가 많아서, 일 경험이 풍부해서, 조직 내에서 기득권을 가진 위치라서 다른 사람들보다 쉽게 그런 행동에 접근할 수 있었다. 의도한 건 아니지만 내가 가진 영향력을 행사했다는 걸 인정하지 않을 수 없었다.

Date...

〈일: 우리가 온종일 하는 바로 그것〉이라는 다큐멘터리에서 제작자이자 출연자인 버락 오바마는 이런 말을 한다.

> 많은 젊은이가 영향력을 끼치기 위해 서둘러요. 그런데 영향력은 시간이 지나야 생기는 것 같습니다. 일련의 과정 같은 거죠. 돌이켜볼 때 알 수 있어요. '아, 내가 변화를 끌어낸 것 같군' 하고요.

젊은이들에게 서두르지 말고 인생을 즐기라는 취지로 한 말이었지만, 나에게는 '영향력은 시간이 지나야 생기는 것'이라는 말이 마음에 맺혔다. 지금보다 더 젊었을 때는 노력하면 영향력을 얻을 수 있을 것 같았다. 영향력 비슷한 힘을 체감한 건 지금껏 해온 노력에 시간이라는 요소가 충분히 누적된 후라는 걸, 돌이켜보고 나서야 알았다. 내가 동료들에게 다정함을 베풀 수 있었던 배경에 오랜 직장 생활 경험이 있었다는 걸 깨달은 것처럼 말이다.

그 전까지는 매년 역량 평가를 할 때마다 '영향력'이라는 항목에서 갸우뚱했다. '협업 집단 또는 조직 목표 달성에 기여하는 역량'이라는 조직 영향력과 '협업하는 동료들을 적극 지원하고 함께 성장하기 위해 노력하는 역량'이라는 사람 영향력을 어떻게 키워야 할지 몰라 어려웠다. 꽤나 성실한 성과주의자였던 나에게 영향력이라는 역량은 해답 없는 과제 같았다. 그런데 영향력이 시간이 지나야 생기는 것이라는 걸 알게 된 후로는 많은 게 명쾌해졌다.

시간은 누구에게나 주어지므로 절대적으로 공평할 것 같지만 관계 안에서는 상대적으로 작용한다. 특정 집단에 소속된 시간의 길고 짧음이 사람마다 상대적이듯이, 가진 것과 경험한 것의 차이, 그로 인해 주고받는 영향의 정도도 모두 상대적이다. 역할, 경험, 경력, 지혜 등을 막론하고 다른 사람보다 무언가를 먼저 해봤거나 조금 더 많이 아는 사람이라면 상대적으로 영향력을 행사할 수 있는 위치에 서는 것이다. 그렇게 저절로 얻은 힘에는 마땅한 책임이 따라야 한다는 걸, 내 위치를 인지하고 나서야 깨달았다.

퇴직 전 마지막 성과 평가에서 매우 높은 영향력 점수를 확인했다. 지금껏 받아본 적 없는 점수였다. 책임감을 잘 실천했다는 인정인 것 같아 그 어떤 성과보다 만족스러웠다.

Date...

어쩌면 이 책을 내고 나서 나는 또 큰 만족감에 젖어 자아도취에 빠질지도 모른다. 멋진 파트너를 만나 즐겁게 협업하고 출간에 이를 수 있었던 걸 큰 행운으로 여기다가도, 어느 순간에는 모두 혼자 힘으로 이루었다는 착각이 슬쩍 고개 내밀 수도 있다. 그럴 때면 내 위치를 잊지 않고 자문하는 사람이 되고 싶다. 내가 이뤄냈다고 믿는 것이 과연 나혼자만의 성과일까? 그날 칭찬일기에는 그 무엇도 혼자 이루지 않았음을 기억하는 내가 있을 것이다.

지금 할 수 있는 일,
자신의 위치와 영향력을 생각해보세요.

- 혼자 이룬 것이라고 생각하며 했던 셀프 칭찬을 떠올려보세요.
- 관계 속에서 다정하고 책임감 있게 행동하는 나를 칭찬해보세요.

03 | **취약성 공유 캠페인**

자기 인정의 완성으로 가는 길

　일로 알게 된 분과 사적으로 만나는 자리. 나는 어색할지언정 상대는 편하게 해주려는 마음이 교차하며 이런저런 대화를 나누는 중, 알아듣지 못하는 얘기가 나왔다. 상대가 언급한 용어를 처음 들어본 터라 나는 그것이 무엇을 의미하는 거냐고 물었다. 웬만한 사람들은 다 아는 건데 나만 모르는 건가 싶긴 했지만 모르는 걸 아는 척하며 넘어가고 싶진 않았다. 그는 당황하지 않고 친절하게 의미를 설명해줬다. 그 용어가 무엇이었는지 기억나지 않는 걸 보니 제대로 이해하지 못한 모양이지만 당시에는 고개를 끄덕이며 말했다.

　"그런 게 있었군요. 저는 모르는 게 많아요."

Date...

아는 척하며 사는 게 버거울 때가 있다. 특히 업무 관계로 얽힌 사람들 앞에서는 더 그렇다. 어떤 상황에서든 똑똑한 모습을 보여야 할 것 같다. 하지만 그런 '척'만 해서는 일이 잘 진행되지도 못할뿐더러 관계를 진정성 있게 발전시킬 수도 없다는 걸 안다. 그래서 그런 말이 튀어나왔던 것 같다. 나는 모르는 게 많다고. 똑똑한 모습은 나의 일부에 불과하며, 내 안에는 다양한 내가 있다는 속뜻을 담아서.

곧바로 답이 돌아왔다.

"저도 그래요."

배려심을 우려낸 듯한 그 말이 꼭 친구 하자는 말처럼 들렸다. 그날부터 부쩍 가까워진 그는 지금 내게 둘도 없는 단짝이 되었다. 나중에 그가 말해주기를, 모르는 걸 모른다고 말하는 솔직함이 인상적이었다고 한다. 취약성을 드러낼 줄 아는 사람인 것 같아 친하게 지내고 싶어졌다고. 머리로는 갸웃했지만 어쩐지 어깨가 으쓱했다.

'취약성을 드러낼 줄 아는 사람'이라는 칭찬은 나를 취약성을 잘 드러내는 사람으로 만들었다. '취약성을 드러내면 좋은 일이 생기는구나!'라는 값이 입력된 후 나는 그동안 사람들에게 잘 드러내지 않았던 약한 모습을 스스럼없이 드러냈다. 모르는 게 있으면 누구에게나 질문했다. 안전하다고 느끼는 사람에게부터 내 안의 내밀한 고통과 치부를 꺼내놓았다. 남의 입에서 들으면 수치심을 느낄 만한 일도 내 입으로 말하면 별거 아닌 일이 되는 게 신기했다. 나를 먼저 꺼내버릇하자 사람들의 꾸밈없는 모습을 볼 기회가 많아지는 것도 신기했다. 다소 피상적으로 느껴졌던 관계에도 점차 깊이가 생겼다. 칭찬과 자랑을 내세워 소통할 때와는 다른 방식의 관계 맺기였다.

●

취약성 드러내기가 익숙지 않았던 시절에는 취약성이라는 걸 감각하지 못했다. 그저 조금 불편했다. 남들처럼 보편적인 삶을 살지 않아서, 많은 사람이 표준이라고 하는 기준에 미치지 못해서 말할 수 없는 게 많았다. 표준의 다른 말은 '정상성(正常性)'이었다.

유복한 가정에서 태어나 금슬 좋은 부모 슬하의 어여쁜 자녀로 충분한 사랑을 받으며 성인이 되고, 저명한 교육기관을 거쳐 많은 이가 선망하는 직업을 가지고(혹은 그러한 직장에 소속되고), 본인 소유의 집과 차가 있으며, 이성애 기혼 유자녀 가정을 꾸리고, 근심이라고는 찾아볼 수 없이 행복 각본을 수행하며 사는, 정상성을 자랑하며 이 사회의 주류 집단으로 사는 사람들.

사회는 그들을 '다수'라고 알고 있다. 보편적이고, 표준이며, 정상적이고, 다수인 사람들의 생활양식에서 벗어난 사람들은 상대적으로 '소수'로 여겨진다. 소수는 소수라는 자체로 취약하다. 하지만 그 소수가 과연 물리적으로도 '적은 수'일까? 다수가 보편적이라는 개념은 과연 타당한 걸까?

친구와 학벌 좋은 지인들에 대해 이야기 나눈 적 있다. 우리는 "그 사람 x.x.대학 나왔잖아", "그분은 x.x.에서 유학했다던데" 하다가 이상함을 감지했다. 우리 주변에 유독 고학력자가 많음을 알아차린 거다. 친구와 나의 커리어가 소위 말하는 화이트칼라 산업에 속해 있다는 점을 감안하더라도, 어느 대학 나왔냐는 질문이 실례가 될 수 있는 시대에 어느 대학 출신인지 정확히 알고 있는 지인이 많다는 건 확실히 의아했다.

직접 물어보지 않고도 어떻게 그런 정보를 취득할 수 있던 걸까? 당사자가 어떤 식으로든 그 정보를 드러낸 까닭이었다. 작업자 프로필에 학력과 이력을 밝히거나, SNS에 출신 대학을 드러내는 게시물을 올리거나, 대화 중에 대학을 유추할 수 있는 정보를 말하는 등 방식은 다양하다. 반면 이렇다 할 학벌을 가지지 않은 지인들은 굳이 자신의 정보를 드러내지 않는다. 전공은 말해도 대학은 말하지 않는다.

우리 주변에 고학력자가 많다는 감각은 수면 위로 드러나 있는 한정된 정보값으로 인한 판단 오류였다. 학력이 자신의 약점이라고 생각하는 사람의 침묵과 자랑거리라고 생각하는 사람의 발화가 우리 안에서 '좋은 학벌'이 과대표되는 결과를 낳은 것이다. 드러내는 쪽이 다수가 되고 드러내지 않는 쪽이 소수가 되면서. 물론 모두가 그러한 틀 안에서 행동한다고 생각하지 않으며, 그게 나쁘다고 생각하지도 않는다. 다만 검증 없이 통용되는 '보편성'이라는 게 그렇게 완성되는 수도 있겠다는 발견은 분명히 놀라웠다.

고등학교를 졸업하자마자 사회생활을 시작한 나 또한

'드러내지 않는 쪽'에서 그 오류에 기여해왔다. 대졸이 정상성인 사회에서 학력은 나의 약점이었다. 전공이 뭐냐는 질문에 얼굴이 빨개지면서, 대졸 미만의 학력자가 있다는 걸 전혀 생각하지 못하는 사람들 틈에서 예기치 못한 불편을 감수하며 살았다. 대기업에 입사해 태어나 처음 주류 집단에 편입한 뒤에는 정상성의 격차를 온몸으로 실감해야 했다. 그 전까지 내가 겪어보지 못한 엘리트 사회에서 나는 때때로 자발적 소외자가 되기를 택했다. '수면 위로 드러나 있는 한정된 정보값으로 인한 오류'가 시야를 가린 거라는 생각은 하지 못했다. 그 시절 내가 가지지 못한 정체성은 나의 취약성이 되었다.

안타깝게도 취약성은 그렇게 만들어진다. 정상성을 지향하는 사회에서 소수 쪽에 있는 사람은 자신을 드러내기 어렵다. 아니, 드러내지 않는다. 상대가 물어보지도 않은 걸 말할 이유가 없어서, 쓸데없이 주목받는 게 싫어서, 괜히 튀고 싶지 않아서 입을 다문다. '굳이' 드러낼 이유가 없는 거다. 그런 행동의 바탕에는 상대가 나에 대한 편견이나 선입견을 가지는 게 싫다는 마음, 사적인 정보를 줬다가 행여나 약점 잡힐지도 모른다는 우려, 누군가 나를 함부로 판단하거나 평가하는 상황에 대한 선제적 방어 심리가 있다. 자신을 드러내봐야 유리할 게 없다는 걸 직간접적인 경험으로 익히 알기 때문이다.

그렇게 취약성은 감춰진다. 취약성을 감출수록 사람들은 더 취약해진다. 취약성의 그런 성질을 숙주 삼아 정상성은 무한히 재생산되고, 정상성에 밀려 취약성은 더 어두운 곳으로 감춰진다. 그 악순환을 어떻게 하면 끊을 수 있을까?

취약성과 칭찬은 얼핏 반대 개념처럼 보인다. 칭찬이 주는 밝고 긍정적인 느낌과 달리 취약성은 약하고 어둡고 부정적인 인상을 주니까. 취약성은 내면에 있는 것이고 칭찬은 소리 내는 거니까. 그런데 숨죽인 취약성에 소리를 입힌다면?

타인에게 공유하는 순간 취약성을 지탱하던 힘은 휘청인다. 외부 기준을 더는 신경 쓰지 않겠다는 결심은 사회가 정한 표준을 이긴다. 취약성을 드러내는 사람은 취약한 사람이 아니다. 솔직한 사람이다. 타인과 비교를 멈추고 자기를 수용하는 사람이다. 삶의 기준을 자신에게 두는 사람이다. 그런 의미에서 취약성 공유는 셀프 칭찬과 같은 편의 개념이라고 볼 수 있다. 스스로를 아끼고 사랑하려는 노력이기 때문이다.

셀프 칭찬이 주로 나의 긍정적인 면을 강화하는 것이라면, 취약성은 상대적으로 부정적인 면까지 받아들이며 자기 존중감을 형성한다. '나는 충분히 괜찮은 인간'이라는 걸 마음속 깊이 인정하려면 나의 뛰어난 모습은 물론 불완전한 모습까지 고루 마주해야 한다. 따라서 셀프 칭찬의 연장선에서 취약성 공유는 자기 인정의 완성이라 할 수 있다.

얼마 전 지인이 작업 경험 공유회를 열었다. '원 페이지 비주얼 노트'라는 콘셉트로 인스타그램 책 리뷰 계정(@_j.note)을 운영하는 그는 '어쩌다 만든 계정'인데 5년 사이 3.5만 팔로워를 얻었다. 계정에 사적인 정체성을 거의 드러내지 않았던 터라 모임 소식이 뜻밖이었다. 게다가 취약성 중심으로 공유회를 한다는 설명이 있어 솔깃했다. 소정의 참가비를 '취약성 공유 응원비'라고 적은 그에게 물었다. 어쩌다 그런 결정을 하게 되었느냐고. 그동안 오해와 실제 사이의 괴리 탓에 힘들었단다. 사람들은 자신을 완벽한 사람일 거라고 생각하는데 실제 자신은 그렇지 않다고. 그래서 사람들에게 불완전한 모습을 드러내고 기대치를 낮추면 심리적 안정감을 얻을 수 있을 것 같아 모임을 기획했다는 거다.

가벼운 마음으로 새로운 시도들을 하고 싶어 용기 낸 그가 모임에서 밝힌 취약성은 이런 것이었다.

"책 리뷰 계정을 운영하지만 책을 많이 읽지 않아요."
"기록을 자주 하는 편도 아니에요."
"사람들은 꾸준히 하는 걸 대단하다고 말하는데 사실 반년 동안 쉰 적도 있어요."
"새 게시물을 올릴 때마다 여전히 긴장돼 손이 차가워져요."
"남과 비교하며 자주 위축되고 자신감을 잃어요."
"목표도 계획도 전략도 없고 사실 게으르고 부정적인 사람이에요."
"사람들이 실망할까봐 저를 드러내는 게 두려워요."

열등감 많고 자신감 없는 모습을 솔직히 드러낸 그는

Date...

'그럼에도 불구하고' 멈추지 않고 작업을 이어나간 경험과 노하우도 공유했다. 소규모로 단란하게 진행된 모임에서 참석자들은 돌아가며 자신의 취약성을 털어놓고 고민을 나눴다고 한다.

    취약성을 공유했을 때 다정한 반응을 돌려받으면 알게 된다. 자신이 취약성이라고 여기는 것을 사람들은 취약하다고 여기지 않는다는 것을. 그가 부끄러워하며 얘기를 꺼낸 것이 민망하게도 사람들은 그런 얘기를 하는 그의 용기와 솔직함에 의미를 부여했고, 취약성을 고유성으로 받아들였다. 내 생각도 같았다. 그는 스스로를 '자기계발이 필요한 사람'이라고 했지만 그렇기 때문에 자기계발서를 많이 읽고 그것을 자기 것으로 소화해 콘텐츠를 제작함으로써 자기계발에 강점이 있는 사람이 되었다. 그는 '부정적인 사람'이라고 했지만 그 덕분에 모임을 세심하게 설계해 모든 이에게 만족스러운 시간을 선물할 수 있었다. 그가 약점인 줄 알았던 것이 오히려 강점의 바탕이 된 셈이다. 취약성 중심 경험 공유회는 그렇게 그에게 유의미한 경험으로 남았다.

지인의 모임처럼 본격적인 기획은 아니지만, 나도 소소하게 취약성 공유 캠페인을 한다. 상대적 박탈감이 난무한 세상에 저항하는 일종의 방구석 사회운동이랄까. 가령 글이나 인터뷰, 강연에서 기회가 되면 비주류였던 삶의 궤적을 솔직하게 말하려고 한다. 대기업 출신이자 작가라는 특권으로 마이크를 쥐는 것임을 잊지 않고, 정상성의 재생산을 경계하며 다양한 삶의 형태가 수면 위로 드러나도록 목소리 내려는 노력이다. 또한 누군가가 전공을 물어보면 묻지 않은 것까지 말한다. "마케팅 전공인데요. 저는 고졸로 사회생활을 하다가 서른 살부터 사이버 대학교에 입학해 공부했어요"라고. 예전에는 굳이 드러내지 않던 것을 굳이 드러내면서 당연히 대졸일 거라는 전제로 질문한 상대방의 표준이 깨지길 바란다. 그러한 행동들이 의도치 않게 솔직한 매력, 고유한 개성, 특별한 강점으로 해석된다는 걸 알고부터는 더 적극적으로 하게 되었다.

그렇게 오랜 세월 외부로 향했던 기준을 꾸준히 나에게로 옮기고 있다. 이러한 자기 인정의 방식이 나는 퍽 마음에 든다.

Date...

_____

지금 할 수 있는 일,

취약성 공유 캠페인을 해보세요.

_____

🟡 나의 취약성이 무엇인지 생각해보세요.
🟡 다른 사람들에게 취약성을 드러내는 연습을 해보세요.

04 | 칭찬일기 바깥으로 나아가기

실례, 오지랖, 쓴소리와 함께

 아침에 인스타그램을 열었다가 모르는 분에게 온 메시지를 확인했다. 내용을 파악하고 나는 순간적으로 얼어버렸다. 이틀 전 내가 올린 게시물에 담긴 부적절한 표현을 지적하는 내용이었기 때문이다.

 문제의 게시물을 올린 날에는 비가 억수같이 내렸다. 웬만하면 외출을 삼가고 싶은 날이었지만 나는 모임 참석을 위해 먼 거리를 이동해야 했다. 모임을 주최한 친구 말로는 지상으로 다니는 것보다 지하철을 타는 게 안전할 거라고 했다. 그러면서 친구는 "어제 횡단보도에서 아홉 명이 죽었어"라는 말을 덧붙였다. 서울 시청역 앞에서 역주행한 승용차가 인도로 돌진하는 바람에 아홉 명이 죽고 네 명이 다

Date...

친 사고를 언급한 것이었다. 뉴스를 보지 않은 나는 사고에 대해서도 사안의 무게에 대해서도 인지하지 못했다. 그저 걱정되니 조심히 오라는 표현을 이상한 방식으로 하는 친구라고만 생각했다. 그래서 별생각 없이 농담으로 받아쳤다. "죽음의 위험을 무릅쓰고 간다"라고. 그리고 또 별생각 없이 그 대화 내용을 인스타그램 스토리에 올렸다.

친구와 대화를 나눌 때도, 그걸 캡처해서 올릴 때도 내 안에는 분명 무언가 미세하게 께름칙한 걸림이 있었다. 하지만 그것의 정체를 알려고 하지 않았다. 모르는 분의 메시지를 받고 뒤늦게 뉴스를 찾아봤다. 하루아침에 세상을 떠난 사람들과 유가족, 부상자들과 그 사고 현장을 목격했을 수많은 시민의 고통이 떠올랐다. 나에게 메시지를 보낸 분이 어쩌면 그 사고와 연관됐을지도 모른다는 생각은 하고 싶지도 않았다. 너무 부끄럽고 너무 죄송했다. 사고를 농담거리 삼고 문제의식 없이 공개적으로 올린 행위를 '몰랐다'는 이유로 묵과해도 되는 걸까? 마음이 어수선해져 아무 일도 손에 잡히지 않았다.

쥐구멍에라도 숨고 싶었던 기억이 많다. 누군가의 지적

을 받아 실수를 인지했을 때, 시간을 되돌릴 수도 없고 마땅히 숨을 데도 없어 수치심을 견뎌야 하는 상황. '모르면 그럴 수 있지, 뭐. 다음부터 안 그러면 되지' 하고 쿨하게 넘기는 성격이면 좋겠으나, 안타깝게도 나는 그런 사람이 못 된다. 그 짧은 순간이 장기 기억으로 각인되고, 기억을 꺼낼 때마다 식은땀 흐르는 기분을 느낀다. 오래 기억하고 되게 부끄러워한다. 덕분에 같은 실수를 반복하지는 않는 편이지만 말이다.

내가 그런 성격이다보니 반대로 누군가의 실수를 목격했을 때도 말해주기가 쉽지 않다. 얼른 생각하기에는 큰 잘못인 것 같다가도 그걸 지적했을 때 상대가 느낄 수치심을 고려하면 생각이 바뀐다. 그렇게까지 지적할 일인가 싶어 말을 삼키게 되는 거다.

그런데 '그렇게까지 지적할 일'이라는 판단이 서는 날도 있다. 이를테면 혐오 발언을 목격했을 때. 친구가 어떤 이에게 부정적인 의미로 "게이 같다"라고 말하는 걸 보고 나는 오만 가지 고민을 했다. 이게 퀴어 혐오 발언이라는 걸 어떻게 말해줘야 하지? 말하는 게 맞나? 괜한 오지랖인가? 아니지, 큰 잘못을 한 거니까 혼쭐을 내줘야지! 엥, 내가 무

Date...

슨 인권 재판관도 아니고 흔쭐씩이나……. 각 잡고 진지하게 말해주는 정도면 되지 않을까? 아니야, 지나가는 말처럼 가볍게 툭 던지면 서로 덜 민망하겠지? 그러다 문득 깨달았다. 어떻게 말하든 잘 받아들이고 이해할 친구라는 걸.

그래서 그냥 말했다. 만약 상대가 게이라면 그 말이 상처가 될 수도 있었다고, 의도가 무엇이든 그런 말을 하는 건 적절치 않다고. 엄격하지도 진지하지도 가볍지도 않게.

말하는 방법은 그리 중요하지 않았다. 중요한 건 마음이었다. 내 마음에는, 알고도 그런 실수를 하지는 않을 친구이니 모르고 한 말일 텐데 같은 실수를 반복하지 않게 하려면 나라도 나서서 바로잡아줘야겠다는 생각이 있었다. 예상대로 친구는 나의 그런 마음을 잘 헤아려줬다. 민망함을 얼마나 느꼈을지는 잘 모르겠지만 말이다.

'캔슬 컬처'라는 말이 있다. '유명인이 논란이 될 만한 행동이나 발언을 했을 때 팔로우를 취소하고 지지를 철회하는 문화'라는 뜻으로, '미투 Me Too'와 '블랙 라이브스 매터 Black Lives Matter' 운동에서 발단이 되었다. 본래 캔슬 컬처는 비윤리적인 행동을 하는 유명인에게 저항하는 움직임으로 확산되었는데, 취지와 달리 혐오 행동에 악용되기도 한다. 작은 실수도 조리돌림 하며 비난하고 사회적·정치적 관점이 다르다는 이유로 마녀사냥을 가한다.

이러한 '캔슬'은 개인 간에도 이루어진다. 특정 행동으로 인해 어떤 사람을 예전처럼 대하기 어려워졌을 때 우리는 손쉽게 관계를 손절한다. 한때 친했던 친구가 도저히 이해할 수 없는 행동을 반복할 때, 지인이 내가 받아들이기 어려운 가치관을 가졌다는 사실을 알게 됐을 때, 팔로우 중인 인플루언서가 눈살 찌푸려지는 게시물을 올렸을 때, 상대를 내 마음속에서 지운다. 쓴소리랍시고 구태여 하기 싫은 말을 하느니, 속 시끄러운 일은 피하는 게 상책이라고 생각한다. 그러면서 무해함을 추구하며 산다.

《괴물들》의 저자 클레어 데더러는 말한다. "살아 있는 모든 사람은 모두 취소(캔슬)당했거나 취소당할 예정"이라고. "우리는 개인사가 노출된 시대에 살고 있고, 누군가를 유심히 살펴보면 적어도 하나의 얼룩은 찾아낼 수 있"기 때문이다.

앞서 내가 문제의 게시물을 올린 날에도 팔로워 수가

Date...

조금 줄었다. 누가 어떤 이유로 팔로우를 취소한 건지는 정확히 알 수 없지만 정황상 내가 노출한 얼룩 탓에 '캔슬'당한 거라고 해석하지 않을 수 없었다. 다행히도 나에게는 쓴소리를 해준 분이 있었다. 그분의 쓴소리 뒤에는 "더 많은 긍정적인 영향력을 미칠 수 있는 분이라고 생각해서" 메시지를 보냈다고, '혹시 불쾌하다면 죄송하다'는 말이 있었다. 아는 사이끼리도 하기 힘든 말을 어떤 사고 회로를 거쳐 내게 했을지 상상하니 도리어 내가 너무나 죄송했다. 전혀 불쾌하지 않다고, 미처 깨닫지 못하고 지나칠 뻔한 부분을 알려주셔서 감사하다고 고개 숙여 답장했다.

실수하면서 배운다는 말이 있다. 그 일을 계기로 나는 종이 신문을 구독했다. 사회문제에 대해 적어도 '몰랐다'는 이유로 비슷한 잘못을 반복하는 사람이 되지 않길 바라서다. 작은 실수도 용납되지 않는 세상에서 나은 사람이 될 기회를 얻은 나는 정말 운이 좋았다.

●

무해한 사람들하고만 어울려 살고 싶던 적이 있다. 그러려면 나부터 무해한 사람이 되어야 하므로, 남에게 폐를 끼치지 않으려고 조심했다. 내가 조심하는 만큼 남도 나를 침범하지 않길 바랐다. 무례한 사람은 상종하지 않는 것은 물론 조금이라도 과한 참견과 기분 나쁜 피드백을 감지하면 피하고 멀리했다.

칭찬은 무해한 관계를 구축하는 데 유용한 도구였다. 다정함을 주고받는 사이가 늘어나는 게 좋았다. 칭찬은 기본이고 응원, 축하, 지지, 격려를 기반으로 하는 대화. 예의를 벗어나지 않는 농담. 만나면 늘 기분 좋은 사람들. 보이지 않는 선 안에서 맺어지는 관계. 그런 느슨한 연결감을 나는 무해하다고 여겼다.

하지만 게시물 사건을 겪으며 깨달았다. 듣기 좋은 말만 해주는 사이를 진정으로 무해하다 할 수 있을까? 서로를 침범하지 않는 선만큼의 다정함이 오히려 외로움을 부추기진 않나? 칭찬을 앞세운 관계 맺기만 하다가는 고립될 수도 있겠다는 위기감이 들었다. 모르는 분에게 받은 쓴소리에서 고농축 다정함을 경험해본 덕이었다.

저는 누가 저한테 실례해줄 때 되게 좋거든요. 우리가 가까워진 것 같고, 그리고 나도 마음 편하게 실례할 수 있고. 그렇게 실례가 쌓이면 신뢰하게 되는.

— 유튜브 채널 〈은행나무출판사〉
'양다솔 작가 인터뷰'에서

사실 나도 그렇다. 누가 내게 실례해주면 반갑다. 귀여운 오지랖도 늘 환영이다. 무해함을 바랐다기보다는 무례함을 피하고 싶었던 것뿐인데, 엉뚱하게도 고립의 벽을 세우고 있었다.

이제는 벽을 허물고 관계의 지형을 바꾸고 싶다. 필요한 경우에는 하기 싫은 말도 좀 하면서 서로에게 침범하는 걸 허용하는 관계를 바란다. '알고도 그런 실수를 하지는 않을' 사람이니 '같은 실수를 반복하지 않게 하려면 나도 나서서 바로잡아'주자는 마음을 기꺼이 받아들이는 관계를 원한다.

누구에게나 얼룩은 있기 마련이고 그것을 혼자 발견해 바로잡기란 여간해선 쉽지 않으니 용기 내보는 거다. 잘 몰라서 실수한 상대를 위하는 다정함으로. 상대가 같은 실수를 반복한다면 유해함을 겪을지도 모를 누군가를 위하는 마음으로. 그 누군가가 돌고 돌아 나와 내 주변 사람이 될지도 모른다는 생각으로. 가벼운 실수에는 적당한 실례로, 큰 잘못에는 오지랖 넓은 쓴소리로 개입하는 관계야말로 진실된 연결이라 믿으며.

어수선한 마음을 가다듬고 인스타그램에 사과문을 올렸다. 그날 나를 팔로우 취소한 사람들이 있으니, 취소가진 하지 않았어도 나로 인해 불편하거나 힘든 감정을 느낀 사람도 분명 있을 거라고 생각했다. 쓴소리가 담긴 메시지를 공개하고 잘못을 밝혔다. 무지한 행동을 사과하고 고인과 유가족에 대한 애도를 남겼다. 그리고 부탁의 말을 덧붙였다.

> 만일 제가 또 무슨 잘못을 하거든 괜한 오지랖이라 여기지 말고 꼭 말해주시면 좋겠습니다. 잘못을 지적받으면 당장은 민망하더라도 고칠 수 있는 기회가 주어집니다. 그런 기회를 얻지 못한 채 잘못을 저지르고도 그게 잘못인 줄도 모르고 계속 무지한 채로 사는 게 저는 더 두렵습니다.

Date...

누구나 망설이지 않고 나에게 개입해줬으면 하는 마음이 가닿았는지, 지인에게 메시지가 왔다. 자기도 그 게시물을 보고 불편을 느꼈다고, 먼저 말해주지 못해 미안하다는 따뜻한 말이었다.

키미 님 주변에는 민감도 높은 분이 많으니까 이미 말해줬을 거라고 생각하고 넘어갔는데, 저도 반성했습니다. 더 얘기해줘도 된다고 알려줘서 오히려 고마웠고요. 저도 놓치고 있는 게 있다면 알려주세요! 애정의 오지랖으로 서로의 따뜻한 레이더망이 되어줘요!

애정으로 행동하는 오지랖 레이더망이라니. 든든한 비밀 결사대 같지 않나. 지인의 메시지를 받고 하루 종일 쪼그라들었던 마음이 그제야 사르르 녹았다. 그리고 쉽게 레이더망을 작동시키기 위해, 오지랖 부려야 하는 상황을 발견했을 때 우리끼리만 아는 신호를 보내주는 것도 좋겠다는 생각이 들었다. '야옹' 소리를 낸다거나, 손으로 눈꺼풀을 당긴다거나, 유령 이모지를 보낸다거나? 이유는 없다. 귀엽고 무해한 것이라면 무엇이든 좋지 않을까. 중요한 건 다정한 마음, 그거 하나다.

지금 할 수 있는 일,

무해한 관계로부터 벗어나보세요.

- 실례, 오지랖, 쓴소리로 도움 받았던 일화를 떠올려보세요.
- 오지랖 레이더망 관계를 만들고 귀여운 신호를 정해보세요.

Epilogue

오늘부터 칭찬일기 1일

 걱정입니다. 저를 '칭찬 능력자'라고 보는 분이 많아질 것 같아서요. 책까지 써놓고 이제 와서 무슨 소리냐고요? 예전에 한 심리검사에서 '자기 수용력과 자율성은 높은 반면 타인 수용력과 연대감은 상대적으로 낮은 편'이라는 결과가 나온 적이 있습니다. 아무래도 외동인 데다 자립심이 강해야 했던 성장 배경의 영향이 없지 않았겠지요. 그때 상담사 선생님이 해준 조언이 인상적이었어요. "타인을 칭찬하고 타인에게 도움을 구하는 능력을 개발하는 게 좋아요"라고 하셨거든요. 이미 칭찬일기 모임을 운영하고 있었던 터라 약점을 알아서 잘 보완하는 중이구나 싶어 안심이 됐지요. 책을 쓴 것도 칭찬 능력 개발에 큰 도움이 된 것 같습니다. 그런데 아무리 그래도 타고난 '칭찬봇' 타입은 아니라 겸손한 마음이 앞섭니다. 셀프 칭찬을 그렇게 훈련했는데도요. 다정하게 관심을 표현하고 피드백을 성실하게 줄 수는 있지만, 칭찬을 능수능란하게 다루는 소질은 저에게 없는 것 같아요. 물개 박수, 천부적인 리액션, 뛰어난 공감 능력, 무조건적인 위로 같은 것도 제 특기가 아니고요. 그럼에도 제가 칭찬을 잘하는 사람처럼 보인다면, 후천적인 노력이 쌓여 그럴듯한 수준에 이른 거라고 봐야겠지요. 칭찬일기를 통해서 쌓은 노력 말입니다.

칭찬 능력자라는 평가는 부담되지만 '칭찬일기 쓰는 능력'이라면 자신 있습니다. '매일 나를 칭찬하는 일기를 쓰는 것' 정도로 간단히 설명되지 않는, 나를 사랑하는 기술로 칭찬일기를 십분 활용하는 방법을 다각도로 연구했으니까요. 제가 특히 강조하고 싶은 칭찬일기 작성 요령은 열 가지입니다.

1. 아주 사소한 것부터, 하루 한 가지 이상 칭찬거리를 찾아 칭찬일기를 써보세요.

Date...

___

2. 처음에는 짧게라도 꾸준히, 익숙해지면 가능한 한 구체적으로 칭찬하는 연습을 해보세요.

3. 칭찬이라는 콘셉트의 회고를 한다는 생각으로 칭찬에 미래의 다짐까지 더해보세요.

4. 셀프 칭찬이 자기합리화로 흘러가지 않도록 언제나 주의하는 태도를 잊지 마세요.

5. 도저히 칭찬하기 어려운 날이라도 부정적인 감정으로 하루가 끝나지 않도록 칭찬해보세요.

6. 주간 칭찬일기, 월간 칭찬일기를 쓰면서 보다 거시적인 관점으로 칭찬할 점을 찾아보세요.

7. 결과와 성취에 대한 칭찬이 아닌 과정, 노력, 의지, 태도 등을 칭찬을 해보세요.

8. 주기적으로 칭찬일기를 모아보고 마음 건강 상태를

점검해보세요.

   9. 아직 정리되지 않은 추억이 있다면 칭찬일기 회고법을 적용해 아름답게 이별해보세요.

   10. 친구, 동료, 연인, 가족 등 주변 사람들과 다정한 칭찬일기 모임을 만들어보세요.

   스스로를 칭찬하는 게 처음에는 어색할 수 있습니다. 칭찬일기 멤버들을 지켜본 결과 개인차가 보였는데요. 보통은 사흘에서 일주일 정도 적응 기간이 필요합니다. 드물게는 한 달이 넘게 셀프 칭찬을 수줍어하는 분도 있었습니다. 반대로 하루 만에 셀프 칭찬의 매력에 푹 빠지는 분도 여럿 있었고요. 한편 마음이 앞서 파이팅 넘치게 시작했다가 금세 지치는 분도 있습니다. 잘 하려고 하면 그렇지요. 칭찬일기는 루틴입니다. '열심히', '잘' 하기 이전에 '쉽게', '꾸준히' 무리하지 않고 적당히 즐기면서 지속할 수 있는 선을 찾는 게 중요해요. 이왕이면 가볍게, 짧게는 한 문장, 길어도 서너 문장 정도로 칭찬일기를 시작해보세요. 그러면서 점차

Date...

자신에게 알맞은 작성 주기와 방법을 찾아가면 좋겠습니다. 꾸준히 하다보면 어느 순간 숨 쉬듯이 자연스럽게 칭찬이 일상에 스며들어 있다는 걸 느낄 수 있을 거예요.

이쯤 되면 마음의 준비가 되셨겠지요? 칭찬일기를 시작하기 좋은 날은 따로 없습니다. 그런 장소도 따로 없습니다. 언제든 어디서든 칭찬거리를 떠올리기만 하면 되니까요.

지금 필기구가 있다면 꺼내주세요. 휴대폰 메모장 앱을 열어도 좋습니다. 이제 책을 덮고, 오늘 있었던 일을 떠올리며 칭찬일기를 써보세요.

그러면 오늘부터 칭찬일기 1일입니다. 축하합니다. 그리고, 칭찬합니다!

Epilogue

Editor's letter

칭찬일기가 필요하지 않은 사람이라고 생각했는데…… 지난해 여름부터 2주마다 성실히 도착하는 원고를 읽을 때마다 어떤 문장들이 마음을 콕콕 찌르더라고요. '이렇게나 좋다면, 한번 해볼까?' 하는 마음으로 일기에 아주 어색한 셀프 칭찬을 한 문장씩 추가해봤어요. 그리고 지금 글을 쓰며 '뭐가 바뀌었지?' 생각해봤는데요. 과한 자기 검열로 숨겨왔던 나의 좋은 것들이 수면 위로 팡팡 올라왔고요. 회피하던 것들은 끄집어내 마주하고 소멸시켰더라고요. 오랫동안 하고 싶었던 것들이었는데, 나를 칭찬하려고 하니 비로소 실천하게 됐습니다. 이렇게나 쉽게 변화를 만드는 방법이 있었다니요. 작은 실천으로 큰 변화를 경험하고 싶으시다면 '칭찬일기' 지금 바로 시작해보세요. 츄라이 츄라이. **성**

하루 체력을 다 쓰지 않으면 잠들지 않았던 저는 매일 소진하는 삶을 살았습니다. 이를 깨달았을 때는 깊은 잠에서 깨도 체력이 닳은 상태였죠. 예전에는 해야 할 일을 '완벽히' 완수해야 칭찬이 따라온다고 생각했는데요. 이 원고를 살피면서 해야 할 일을 시작한 것만으로도, 그리고 어떤 날에는 하지 않았을 때도 칭찬이 필요하다는 것을 배웠어요. **일**

(한 번도 그래본 적이 없지만…… 나도) 오늘부터 나를 칭찬하기로 했다. **근**

오늘부터 나를 칭찬하기로 했다

1판 1쇄 발행일 2025년 6월 2일
1판 2쇄 발행일 2025년 6월 30일

지은이 김키미
발행인 김학원
발행처 (주)휴머니스트출판그룹
출판등록 제313-2007-000007호(2007년 1월 5일)
주소 (03991) 서울시 마포구 동교로23길 76(연남동)
전화 02-335-4422 **팩스** 02-334-3427
저자·독자 서비스 humanist@humanistbooks.com
홈페이지 www.humanistbooks.com
디자인 studio gomin **용지** 화인페이퍼 **인쇄** 삼조인쇄 **제본** 해피문화사

자기만의 방은 (주)휴머니스트출판그룹의 지식실용 브랜드입니다.

ⓒ 김키미, 2025

ISBN 979-11-7087-339-6 03810

- 이 책은 저작권법에 따라 보호를 받는 저작물이므로 무단 전재와 무단 복제를 금합니다.
- 이 책의 전부 또는 일부를 이용하려면 반드시 저자와 (주)휴머니스트출판그룹의 동의를 받아야 합니다.